検証

財務省の近現代史

政治との闘い150年を読む

倉山満

光文社新書

はじめに

最初に断言します。デフレ不況下で恒久的増税を行う――この政策は完全な誤りであると。そして、もしこのデフレ不況下で恒久的増税が実現すれば、それは日本の近現代史上、初めてのことであると。さらに、増税は大蔵省百五十年の伝統に反する行為だと。

財務省とは、国の歳入と歳出を管理する官庁、すなわち税金を集めて予算として配分する役所です。前身の大蔵省以来、「戦後最強の官庁」として日本に君臨してきました。

この財務省が増税を主張する場合、経済理論の裏づけ以上に重視されるのが政治判断です。二〇一一年三月に発生した東日本大震災後の復興議論などにおいて、日銀による国債の直接引き受けこそが経済理論からいっても真っ当な策であるにもかかわらず、それをせずに増税ありきで議論が進められていることなどは、その最たるものです。

現在の財務省は、戦前、大蔵大臣として活躍した高橋是清が日本経済再生のために使った国債の日銀直接引き受けは、最後の手段だと思っているようです。では、その最後の手段を使わないということは、財務省は、この大震災とデフレ不況下の日本の現状を有事だと思っていないのでしょうか。

逆に増税こそ、万策が尽きた時の本当の最後の手段です。経済史では、失政の象徴とされる井上準之助（戦前の大蔵大臣・日本銀行総裁）ですら、増税は最後まで逡巡《しゅんじゅん》したほどの禁じ手です。しかし、財務省は今、「たとえ国民に嫌われてでも、増税だけは成し遂げなければならない」と本気で考えているように思えます。

これは財務省の本意なのでしょうか。

民主党内の若手議員が結成したデフレ脱却議連では、武藤敏郎・元財務次官が第一回講師として招かれ、「景気回復のために日銀がやるべきことは残されている」と発言しています。デフレ脱却議連は、デフレ不況下での増税に絶対反対の集団です。「ミスター財務省」こと武藤元次官がそのような議員の団体の第一回会合に出席し、日銀に政策転換を迫ったということは、増税が必ずしも財務省の本意ではないことを示しています。

しかし、国民を苦しめることになる増税の準備は着々と進められています。その背後には、ある人物の影がちらついています。「野田内閣は財務省支配の『直勝』内閣だ」と言われているのは周知の通りですが、この「勝」とは、官僚の頂点のポストに座る勝栄二郎次官のことです。勝体制を支えているのは、真砂《まなご》靖主計局長、古谷一之主税局長、香川俊介官房長の三人です。この四人は日本の命運を握っています。彼らは何を考え、この国をどこに導こうとしているのでしょうか。

本書では、明治から平成――特に昭和初期から平成――までの歴史を概観し、大蔵省と政治との関係を描きます。税金がその時代の争点であった場合は、その関係を特に重視しようと思います。

大蔵省は松方正義《まさよし》初代大蔵大臣以来、日本で最もアーカイブと歴史編纂《へんさん》に力を入れている組織です。したがって、大蔵省・財務省が自ら語っている記述を軸に本書を進めたいと思います。

まず取り上げるべきは、財務省財務総合政策研究所のホームページで「財務省行政を期間ごと、分野別に分析した正史」と位置づけられる、『財政史』シリーズです。これは明治以来の大蔵省についての「正史」で、昭和編まで計百五巻にのぼります。その「略史」ともいうべきが『大蔵省史』全四巻で、財務省はこれを「明治から昭和における大蔵省行政の通史」と位置づけています。

また、昭和期に関しては『昭和大蔵省外史』全三巻のように、かなり本音に踏み込んだ「外史」もあれば、一次史料として『昭和財政史資料　震災から準戦時財政まで』のような記録も残っています。

このように、史料は大蔵省財政史室の時代から充実しており、他機関所蔵の史料や文献、膨大な先行研究も存在します（巻末推奨参考文献を参照）。

その割には、これまで一部の研究を除いては、大蔵省が注目されることはあまりありませんでした。明治以来の通史、しかも大蔵省の立場で、さらに政治というセンシティブな問題に着目してとなると、初めての試みだと思われます。これはまるで、未開の地を探検する冒険者のような心境です。

本書では、その道の専門家にとっての常識的な事実を抽出し、わかりやすい物語として提示していくことを心がけました。

真実の大蔵省の物語、礼賛するにせよ批判するにせよ、まずはお読みください。

検証　財務省の近現代史

目次

第4章 占領と復興

——知力を尽くした戦いの歴史（1945-1955） …… 109

第7章　失われた十年
――政治家に振り回される大蔵省（1982-1996）……193

第1章

大蔵省の誕生

財政の専門家とキャリア官僚制の起源

1873-1923

1-1　明治維新の本質

お金を用意する専門家集団

そもそも、明治維新とは何だったのでしょうか。教科書などでよく説明されるのは、「欧米列強の侵略から日本を守るには古い江戸幕府の体制では無理があるので、薩摩や長州などの雄藩が連合して天皇を中心とした新政府を作り、富国強兵を行った」というものです。要するに、それまでの幕藩体制を打破しようという動きです。

言い換えれば、幕府や各地の藩がバラバラに税金を集めて軍艦などを造っていたのでは、強大な西欧列強に対抗できない、だから、幕府も藩もなくして東京の新政府に税金を集めて西欧列強に対抗しよう――これが、明治維新の本質です。

しかし、こうした国家課題を実現するためにも、財源が必要です。そして、その財源となる税金を集める専門家が求められるようになりました。そこで、大蔵省の出番となったわけです。政治家が課題を実現するための、お金を用意する専門家集団としての大蔵省は、こうして、歴史の重要な部分に、しかも目立たない形で登場しました。

大蔵官僚の原体験

東京に税金を集めるという課題は、明治六（一八七三）年の地租改正で実現しました。土地の三％を税金として金納する、江戸時代のように米を年貢として地元の大名に納めるのではない、というようにしたわけです。

繰り返しますが、明治維新は幕藩体制という地方分権体制を否定し、強力な中央集権を目指した動きです。ただ、税金を東京に集めるといっても、「誰がどのように集めるのか」という論争は尽きませんでした。また、税金の徴収に限らず、中央で決まった命令をどうやって地方に伝達し、実行させるのかも問題でした。

そこで、（過程の動きはめまぐるしいので省略します）大蔵省とは別に、内務省という組織を作り、地方行政は内務省に任せることにしました。

この結果、大蔵省は「税金を取る」という権限はそのままに、地方と関わり合うという面倒な仕事の大部分は内務省に任せることができました。よって、大蔵省は少数精鋭で、成績優秀者のみの採用が可能となります。軍人・外交官・法曹家以外では、大蔵省は必然的に成績優秀者が行く役所となっていきます。

また、大蔵省は税金という、特殊な勉強と実務経験をした人でなければ扱えない、スペシャルな仕事が中心です。そのため、大蔵官僚は非政治的な存在であり、「財政の専門家《テクノクラート》」という位置づけになっていきます。

ちなみに、明治の官僚たちの勤務体系は、「午前八時出勤、午後三時帰宅」という牧歌的な時代でした。時代を経るに従って勤務時間はどんどん延びるといっても、「不夜城」と呼ばれる現在の霞が関、そこで働く官僚たちの過酷な勤務体系からは想像もつかないかもしれません。政治家と張り合う、他の役所から権限を奪ってくるという、猛烈な官僚に変貌するのはまだまだ先の話です。大蔵省に関して結論を先にいえば、それは昭和初期のことです。

草創期の大蔵官僚は、後に政府高官に出世して政治家になった人を除けば、自分たちは財政の専門家であり、非政治的な存在であるという意識でした。あくまで「一官庁の一部局の一官僚」という、「政治家ではない」という意識が原体験としてあったのです。

花形は主税局だった

明治十七（一八八四）年五月、大蔵省に主税局——徴税を司《つかさど》る部局——が正式に設置されます。主税局の名は現在でも財務省に残ります。明治・大正の大蔵省では、この主税局が花形になります。昭和以降は、徴税権ではなく、予算編成権を握る主計局が大蔵省の筆頭局になりますが、この頃は、「税金を使う」ことよりも「税金を集める」ことのほうが重要視されていました。

明治期に主計局が主税局の後塵を完全に拝していたのは、当時、主計局には「天敵」がいたからです。その天敵とは、衆議院のことです。これはどういうことでしょうか。

主計局の最大の仕事は予算編成です。予算とは、税金をどう使うか、すなわち、国家の意思そのものです。大日本帝国憲法第六十五条に、「予算ハ前ニ衆議院ニ提出スヘシ」とあります。これはつまり、国家の意思である予算に関する最終的な決定権は、選挙で選ばれた代議士の集団である衆議院にあるということを示しています。

歴史学界では、「明治憲法下では、衆議院は予算先議権しかなかった弱い存在だった」というのが通説になっていますが、これはとんでもない誤解です。予算は国政のすべてと言ってもよく、先議権とは決定権に他なりません。

衆議院に予算案を先に提出しなければならないということは、貴族院は衆議院の意思に逆らえないということを意味します。つまり、貴族院が予算をまったく修正しなければ、それは衆議院の意思に従うことを意味します。逆に貴族院が一銭でも修正すれば、今度は衆議院の承認を得なければなりません。したがって、先議権とは事実上の決定権です。

予算先議権がどれほど強力だったかは、明治初期の内閣の末路を見ればわかります。伊藤博文や山縣有朋らの長州閥や、黒田清隆や松方正義らの薩摩閥は、宮中・枢密院・貴族院・陸海軍・内務省などの省庁を支配下においています。しかし、選挙で選ばれる衆議院だけは、薩長閥に批判的な板垣退助や大隈重信の率いる政党が優位です。

そして、元老の内閣はすべて予算をめぐる対立で退陣に追い込まれています。長州閥は板垣系と、薩摩閥は大隈系と連携して内閣を維持しようとするのですが、常に彼らの攻撃か造反で総辞職に追い込まれています。衆議院の多数を彼らが占め、予算を否決していく以上、元老たちは政権を担当できないのです。

予算は大蔵省主計局によって作成されますが、その予算は議会で承認されなければ効力を発しません。この頃の大蔵省主計局は、せっかく作った予算が衆議院で一夜にしてひっくり返されるという体験を絶え間なく持つ、可哀想な集団だったのです。それよりは、黙々と専門的な仕事に専念できる主税局が花形になるのは自然な流れでした。

この趨勢《すうせい》は、戦費確保の徴税が主要課題だった日露戦争時まで続きます。

ところが、大正期に入ると政治家の力が強くなり、予算が重要視されるようになってきます。このため、大蔵省内でも変化が起き、主税局に次いで主計局が重要視されるようになります。実際、大正期の主計局長である市来《いちき》乙彦、西野元《げん》、田昌《でんあきら》、河田烈《いさお》と、主計局畑の人間が後に次官へと出世していきます。

もちろん、主税局長出身の菅原通敬《みちよし》や黒田英雄、理財局長出身の神野《かみの》勝之助のように、他局出身者の次官もいます。また、勝田主計《しょうだかずえ》や小野義一（いずれも元理財局長）、濱口雄幸《おさち》（専売局長官）のような政治任用もあったため、現在の財務省のような「主計絶対」ではありません。

しかし、日露戦争が終わった後の大正期は、予算の使い道、そして政治への対応が重要になってきたということです。

大蔵省のソフトパワー

ここまで触れてきた徴税権と予算編成権は、大蔵省の二大権限です。いわば、ハードパワーです。現在の財務省においても、この命令権限（Power of command）は受け継がれ、絶大な権力となっています。一方、ハードがあればソフトもあります。

ゲーム機でも、ハードである本体がどんなに優れていても、みんなが買いたがるようなゲームソフトがなければ意味がありません。官僚機構においてもそれは同様で、いかに権限が強くても、それを使いこなす影響力（Power of influence）を発揮できなければ無意味です。

では、大蔵省にとってのソフトとは何でしょうか。それは、情報と人事です。

まず、情報の面から見ていきましょう。

大蔵省を作った最も重要な人物として、「大蔵省育ての親」と呼ばれる松方正義に触れておきましょう。松方は二度就任した首相としての評価は高くありませんが、七代十一年にわたって務めた蔵相としては、日露戦争の戦時財政を支えた他、日本資本主義の確立に貢献しました。

あまり知られてはいませんが、松方は日本のアーカイブの祖でもあります。近代日本は、西洋から輸入した図書館と博物館は立派に発展させましたが、なぜかアーカイブだけは輸入しなかったといわれます。その証拠に、いまだにアーカイブの定訳がありません。そうした中で、松方は自分の所掌《しょしょう》する大蔵省では他の役所に先駆けてアーカイブを実践させました。

アーカイブとは文書管理のことですが、それには「実用↓整理↓保存」の過程が必要です。ここで最も重要なのは整理です。整理がなされていなければ、公開してもよい文書なのか、公開できない秘密を含む文書なのかすらわかりません。文書には、場合によっては国家機密も含まれます。よって、アーカイブとは機密保持体制の確立であり、安全保障そのものなのです。これは、幕末以来の修羅場をくぐった元老の松方だからこそできたことだと評価すべき事柄でしょう。

これを本書で特筆する理由は、現在に至る財務省の情報管理の凄まじさに繋がっているからです。財務官僚は、政治家・マスコミ・他の省庁から取った情報を細大漏らさず持ち帰り、幹部全体で共有します。その徹底ぶりは霞が関随一です。

戦後の大蔵・財務省大臣官房は「政界操作本部」の異名を持つのですが、こうした基礎的な伝承技術を見落としてはならないでしょう。エリート集団は一朝一夕に作られたわけではないのです。

次に、もうひとつのソフトパワーである人事について説明しましょう。

大蔵省をはじめとする日本の官庁は、課長↓局長↓次官↓大臣という役職制度になっています。これは企業でいえば、課長↓部長↓専務↓社長といったようなものです。

大臣は徐々に選挙で選ばれた政治家が就任するようになるので、試験で受かった官僚の頂点は、「次官」ということになります。現在では正式には「事務次官」と呼ばれますが、これは政治家が就任する「政務次官」と区別するための名称です。政務次官（現在の名称は政務官）が駆け出し政治家のポストであるのに対し、事務次官はその省の頂点です。

また、どこの省でもそうですが、出世コースがあります。現在の財務省では、官房長（大臣官房）→主計局長→事務次官というコースになります。この「官房」とは、秘書のことです。現在は大臣ではなく、実質的には事務次官の秘書室としての機能を果たしています。

その長である官房長は局長職の一つです。主な仕事は次官の意を受け、局の調整をすることです。したがって、官房は、どの省でも筆頭局とともに中枢です。

１－２　特権階級制度の確立

「東大法学部」という究極の特権集団

さて、日本の官僚を考える上で――特に、財務省の官僚がどういう人物たちによって構成されているのかを考える上で――エリート教育の問題は避けて通れません。

大蔵省・財務省といえば、日本最高峰の名門である東京大学法学部を卒業し、難関の公務員試験を最優秀の成績で突破した秀才集団であると思われています。財務省の場合、「キャリア官僚」の八割以上は東大、特に法学部出身者で占められています。事務次官で東大出身者でないのは、占領期の池田勇人と、平成期の藤井秀人の二人の京大出身者だけです。まさに、東大法学部出身者の牙城《がじょう》です。

こうした事実だけを並べると、東大法学部出身の人間は「選ばれた者」との評価になりそうです。しかし、その中身は精査する必要があります。

明治十（一八七七）年に正式設置された東京大学（後に東京帝国大学と改称）は、実質的には官僚養成専門学校でした。したがって、卒業生は無試験で高級官吏に採用されました。最初はこのような形でも誰も疑問に思わなかったのですが、徐々に政府機構が整備され、官僚が国家権力を振るうようになると、なぜ彼らだけがそんな力を持てるのかとの疑問の声が上がり始めます。他の大学出身者には高級官僚の道は閉ざされ、たとえ彼らが役所に就職できたとしても、下働きの道しか残されていませんでした。

さすがにこれでは不合理・不公平だという声が強まり、明治二十（一八八七）年に新たな試験官僚制が導入されました。誰でも試験に合格すれば官僚になれるという触れ込みの画期的な制度でした。しかし、新しい制度が誕生しても、その内容は無試験採用の時代とあまり変わりませんでした。なぜなら、東大法学部の試験内容がそのまま官僚試験問題となり、それが採点基準にもなったためです。

この試験官僚制を導入しようとした時、戸水寛人《とみずひろんど》東大法学部教授などは、「試験官僚制を導入したとしても、手間が増えるだけで結果は同じ」と、反対論を展開していました。ちなみにこの戸水博士は、日露戦争前に強硬な開戦論を主張して世論を煽った「七博士」の一人として著名な人物です。

東大の、特に法学部の、自らが設定したルールの下では絶対に勝利しなければならないという、よくわからない特権意識がわかりましょう。しかも面接の際には、「教授の名刺」を持っているか否かが試験の成績に加味されました。単に姓名だけが記されている名刺なのか、「法学博士」と付いているのか、あるいは、「法学博士　東京帝国大学教授」と、長ったらしい肩書の付いた名刺を持っているかで、面接官は「この学生はどのランクの学生なのか」を、暗号を読み解くかのごとく判断したというのです。

これでは、京都帝国大学など、他の大学が競争して勝てるはずがありません。こうして、試験という、さも公正な競争が行われているかのような錯覚で幻惑させて自己正当化しつつ、その支配も自己正当化させて官僚が再生産されていくというシステムができあがっていくのです。

東大法学部出身者はこのようにして特権階級と化していきます。この特権は、戦後の用語では「キャリア」と呼ばれます。皮肉にも、身分制度を壊したはずの明治政府によって、より強固な特権階級制度が成立したというわけです。

「特権階級と、その他大勢」

新政府樹立と地租改正、徴兵制の導入を軸とする富国強兵政策の推進、官僚機構の整備と内閣制度開闢《かいびゃく》、大日本帝国憲法制定と議会開会——日本は西欧型の近代国家へと変貌していきます。対外的には、常にロシアの脅威と対峙《たいじ》し続けます。

ここで、東洋の小国から大帝国へと飛躍していく明治日本の様子の一端を、ある大蔵官僚を通して見てみましょう。

彼の幼名は奥村源之丞と言います。後に総理大臣へと出世する、若槻礼次郎のことです。以下、軽妙なタッチで描かれた若槻の自伝である『古風庵回顧録』を軸に話を進めます。

源之丞は慶應二（一八六六）年、島根県の貧しい足軽の家に生まれました。七歳になると寺子屋に通い始めますが、十一歳の時に小学校ができると、そこに移ります。小学校では習字以外、成績はすべて一番の秀才でした。しかし家が貧しかったため、中学（現在の高校）に進むことができませんでした。そこで礼次郎は、十六歳から小学校の代用教員（非常勤講師）として家計を助けるために働くことになります。

この小学校は村一番の豪農の二階を校舎にしたもので、一階は牛小屋でした。先生は、この豪農の校長と礼次郎の二人だけです。礼次郎は子どもたちに勉強を教える傍ら、独学で受験勉強を続けました。

明治十七（一八八四）年、礼次郎が十九歳の時、司法省（現在の法務省）の法学校が官費の学生を募集していました。それに応募した礼次郎は、あまりの貧しさに東京までの旅費も工面できないので叔父に借金を申し出るという有様でしたが、何とか合格することができました。

入学後の礼次郎は試験で一番以外を取ったことがなく、その後、東京帝国大学法学部に進学します。そして、在学中の明治二十二年に帝国憲法制定、翌年に第一回総選挙と、議会の開催を目《ま》の当たりにします。

明治二十五年、東京帝国大学を首席で卒業し、大蔵省に入省します。

さて、若槻の大蔵省入省一年目の明治二十五年は、海軍が要求する建艦費が衆議院で否決され、明治天皇がやむなく宮中費を削って費用を捻出するという年にあたります。こうした経費節減の波は大蔵省にも押し寄せていました。

このような状況の中、若槻が悲憤慷慨《こうがい》する事態が起こります。若槻は入省時、「試補」でした。試補とは、要するに試用期間のアルバイトという意味です。しかし、若槻は東大法学部出身です。つまり、身分としては高等官（今風に言えばキャリア官僚）となります。

ところが、この時の経費節減のために試補には給料が出ないことになりました。そこで若槻は一時的に、給料の出る判任官（今風に言えばノンキャリア）に転じることにします。ここで若槻が放った台詞《せりふ》が、「判任官の食堂に甘んじることにした」というものでした。人種が違えば食堂やトイレも違う――これがアパルトヘイトですが、若槻の意識は、まるでアパルトヘイトそのものです。しかし、このような特権意識を持つ官僚は、現在に至るまで霞が関のすべての省に存在します。

えてして、若槻のように貧しい境遇から苦学力行して立身出世したという達成感の強い人物ほど、「なぜ自分は、身分の劣る人種と一緒にされなければならないのだ。自分は特権階級の仲間入りをしたエリートではないのか」という思いを持つものです。

このように、戦前には「キャリア・ノンキャリア」という言葉はありませんでしたが、「特権階級と、その他大勢」という身分差は厳然と存在していました。現在に例えれば、キャリア官僚は最低でも課長になれる、ノンキャリアはせいぜい課長補佐までという、何の根拠もない身分制です。しかし、専門家として実際に仕事をしているのはノンキャリアです。それに対して、特に局長以上の主要業務である、他省庁や議会との折衝などを行っているキャリアの仕事は、本来ならそれは政治家の仕事です。つまり、キャリア官僚とは政治家の権力を代行しているのです。

当然、権力には特権が伴います。そして、政治家が持っているはずの権力を代行する、これこそが真の特権です。

それにしても、なぜこんな制度が出現したのでしょうか。その背景には歴史的根拠があります。

隈板《わいはん》内閣の悪《あ》しき事例

明治三十一（一八九八）年、帝国議会で、元老と衆議院の対立が頂点に達していました。それは、税金をめぐる対立です。

衆議院で多数を占めるのは、板垣退助や大隈重信のような自由民権運動の闘士です。板垣は明治六年に、大隈は明治十四年に、薩摩と長州に政府を追い出された人たちです。これでは元老と仲良くできるはずがありません。

そして明治二十三年に開かれた第一回議会以来、板垣や大隈らは、矛盾する実現不可能な要求を毎回突きつけていました。いわゆる「地租軽減、対外硬」です。すなわち、「税金をもっとまけろ！　欧米列強の仲間入りをするために、もっと戦争をしろ！」という、大衆の受けを意識した要求です。

彼らはそのためにかかる膨大な費用など、経済的事情などは考慮しません。しかし、彼らは現実の予算決定権を握っています。そのため、元老には打つ手がありませんでした。元老が「戦争のためには増税が必要だ」などと言おうものなら、板垣や大隈らは途端に倒閣運動を始めてしまいます。

この結果、長州と薩摩が政権交代をすることで事態の打開を図ります。地方の地主を代表する板垣と、都市の富裕層を代表する大隈は利害が異なるため、薩長は彼らの対立を利用して政権を維持しようとしたのです。

このように誤魔化しに誤魔化しを重ねた末、万策が尽きたのが明治三十一年です。そしてこの年、ライバルでもあった板垣と大隈は手を組み、憲政党を結成します。衆議院の九割を占める巨大野党が誕生した瞬間でした。万策が尽きた元老は、これによって政権を板垣と大隈に明け渡します。隈板内閣の成立です。

ところが、彼らに政権担当能力はありませんでした。しかも、政権与党になって浮かれた代議士たちは、大臣の椅子だけに飽き足らず、役所の次官や局長の地位まで要求し、総理の大隈は、しまいに彼らに言われるままにポストを投げ与えます。この結果、当然、行政は大混乱に陥りました。揚げ句の果てには内閣の内紛まで始まる始末でした。こうして内閣は四ヶ月という短命で幕を閉じます。すなわち、衆議院に議席を占める代議士には、まだ政治ができなかったというわけです。

内閣を引き継いだ元老の山縣有朋は隈板内閣の悪しき事例を見て反省し、文官任用令を改正しました。つまり、官庁の次官や局長には、試験で合格した者しか就任できないように制度を変更したのです。

こうして、今に至るキャリア官僚制ができあがりました。

板垣の後継者たちは立憲政友会へ、大隈の後継者たちは憲政会〜立憲民政党へと連なります。そして元老をはじめとする他の機関は、予算を握る衆議院を無視しては政治を運営できないことを徐々に悟っていきます。

一方、キャリア官僚もこぞって政党に参加するようになりました。政策立案・遂行能力のある官僚出身者たちが政党に加わることによって、政党の政権担当能力も向上します。こうして、政友会と民政党は昭和の二大政党へと成長していきます。

政友会と民政党はやがて交互に政権を担当しあう「憲政の常道」を実現します。しかし、昭和初期の激動の中でその力を次第に失っていくようになります。
そうした時代に、大蔵省がどのように変遷していったのかを次章で見ていきましょう。

第1章のポイント

1　大蔵省は、税金を集める専門家集団として誕生した。

2　大蔵省の強さの秘密は、徴税権と予算編成権、影響力の源泉は情報と人事。

3　ただし、最終的な予算権限を握る衆議院には振り回されっぱなしだった。

第2章

日本の最強官庁へ

守護神・井上準之助の登場

1924-1931

2-1　大蔵省主計局時代の到来

世紀の悪書

通称『ベルばら』、『ベルサイユのばら』という作品をご存知でしょうか。

元々は池田理代子さんの原作で、フランス革命期の王妃マリー・アントワネットを悲劇的に描いた、少女マンガの金字塔です。アニメ化もされ、あの宝塚歌劇団で何度も上演されています。影響はそこに留《とど》まりません。マリー・アントワネットの生涯は少年少女向けに伝記漫画化もされ、聖女マザー・テレサやシュバイツァー博士と並んでいるのです。

ここまでいくと、聞かされたフランス人は仰天してしまいます。なぜならフランス本国では、マリー・アントワネットは軽薄で尻軽な王妃様にすぎなかった、それ以上の評価はされていないからです。当然、日本の少年少女に向けた『マリー・アントワネット』伝は美化に美化を重ねた記述しかされません。むしろ『ベルばら』のイメージを後追いすることになります。フランス人からすると「日本人は何を考えているんだ?」となります。

歴史上の人物や出来事を扱った作品の力があまりにも強すぎる場合、作者の創作や思い入れを読者が史実だと思い込み、一人歩きしてしまう。そしてそれが図らずも社会的悪影響を与えてしまう。世の中には「世紀の悪書」としか言いようがない作品があります。

本章の主人公である井上準之助は間違いなく、日本史上最強の大蔵大臣です。その井上の人物像は良くも悪くも城山三郎氏の小説『男子の本懐』によって形作られました。『男子の本懐』は経済小説の最高峰との評価を得ています。キレのある短文、巧妙な伏線と丁寧な回収、そして大団円に至る怒濤《どとう》のストーリー展開には思わず引き込まれてしまいます。

しかし、この本は間違いなく「世紀の悪書」です。書かれている話が嘘だとわかっていても、感動してしまうほどです。

左に同書の概略を要約しておきましたので、まずはお読みください。

　昭和四年の日本、濱口雄幸民政党内閣は金解禁によって長期不況を切り抜けようとしていた。だが、金解禁という痛みを伴う改革に耐えるには、産業の合理化をしなければならない。当然、既得権益を握る層の抵抗も大きい。財閥の走狗《そうく》である野党政友会、特権官僚の牙城である枢密院と貴族院、そして最強の権力を握る軍閥。濱口は、抵抗勢力と戦うために、旧知の井上準之助を蔵相に起用した。井上も密かに、「日本を救うには金解禁しかない」と考えており、内心は師匠の高橋是清とは立場を異にしていた。そして暗殺の危険もあったのに、怯《ひる》まずに濱口と運命を共にすることを決意する。濱口と井上は巨大な抵抗を持ち前の信念と行動力で撥ね退けるが、折からの世界不況に直面して景気は一向に好転せず、最期は二人ともテロの前に斃《たお》れる。民政党内閣は崩壊し、二人が命を懸けた金解禁は、後任蔵相の高橋是清によって否定されていく。日本は暗い時代に突入する。

同書を読んだことがない方でも、この説明を読めば、「平成の小泉改革」を思い出されるかもしれません。それもそのはず、小泉純一郎元首相は『男子の本懐』を読んで「ライオン宰相と呼ばれた濱口雄幸のように、信念のある政治家になりたい」と自分をなぞらえたのでしたから。

この本は小泉元首相に限らず、多くの経営者やビジネスマンに影響を与えています。また、本職の歴史学者すらも、ここに要約したストーリーを史実だと認定して議論をしています。

それは井上の弁護者も批判者も同じです。

しかし、この本には重大な誤りが三つあります。その答えは本章の最後で述べますが、ここではまず、史実の井上の動きを中心に、昭和初期の政官界を概観します。なぜなら、その作業を通じて、本書の主題である大蔵省・財務省の「増税の遺伝子」がどこにあるのかを一緒に探してほしいからです。

濱口雄幸、高橋是清、井上準之助の経済思想

当時、経済学的に最も正しい主張をしていたのは石橋湛山《たんざん》です。この時、石橋は東洋経済新報社の主筆です。今となっては石橋の主張は至極もっともだと評価されていますが、当時の石橋と、石橋の仲間である高橋亀吉、小汀利得《おばまとしえ》、山崎靖純は「四人組」などと称され、極めて少数派でした。彼らの主張の要点は、「デフレ不況時には、政府は積極的に財政出動を行うべきである。ましてや金の保有量しか通貨を刷れない金本位制など愚の骨頂である」というものです。この石橋を基準に、本章の主要登場人物である、濱口雄幸、高橋是清、そして井上準之助の経済思想を確認していきましょう。

まず、濱口は石橋の対極にある経済思想で一貫しています。それは、「不況なのは無駄遣

いをしているからだ、だから倹約をして政府の支出を減らそう。金の保有量しか通貨を刷れなければ無駄な支出をしなくなるから、金本位制に戻ろう」という次第です。

はっきり言えば、彼の経済政策は江戸時代の思想です。ここで「江戸時代の思想」などと言うと濱口を批判しすぎだと思われるかもしれませんが、現在の我が国の政治家や官僚にも、この種の「江戸時代の思想」の持ち主は少なくありませんので、ここではあえて強調しておきます。

一方、高橋は石橋の提言を実践した人と言われます。ただし、石橋ほど学術的な裏付けがあるわけではなく、金融マン、あるいは政治家としての嗅覚が優れていたというのが実像です。

つまり、濱口と高橋は対極に位置していることになります。では、本章の主人公である井上はどうなのでしょう。『男子の本懐』では、井上は濱口の思想に殉じ、高橋と徹底的に対立したという風に紹介されています。最終的な結論はそれで正しいのですが、本書ではもう少し丁寧に検証していきたいと思います。そして、ただ一点、「彼ら三人は増税をしたのか」に注目してください。

では、時系列で流れを追っていきましょう。

大正十三年、日本に漂う沈滞ムード

関東大震災の復旧・復興が軌道に乗った頃です。

井上が蔵相を務めた山本権兵衛海軍大将の内閣に代わり、大正十三（一九二四）年一月七日に清浦奎吾《けいご》枢密院議長が内閣を組閣します。これを機に政界再編が起こり、高橋是清率いる政友会は分裂します。しかし、高橋は加藤高明総裁率いる憲政会と連携して「憲政擁護」を訴えて総選挙を戦い、勝利しました。これにより、衆議院の多数党が内閣を組織する「憲政の常道」が確立しました。ただし、高橋の政友会は第三党に転落しました。

こうしたことから高橋の発言力は低下し、加藤連立内閣では農商務大臣という一段低いポストしか割り当てられませんでした。組閣の際に加藤は、「内務は政治の中心、大蔵は政策の中心、その二つは我が党で大臣を出す」と高橋を突っぱね、若槻礼次郎を内相に、濱口雄幸を蔵相に据えました。二人とも、苦節十年の野党時代を共にした加藤の側近であり、大蔵次官経験者です。

一方、高橋は農商務省が農林省と商工省に分割されたのを機に、大臣を他の政友会政治家に譲り、政友会総裁も、新たに入党した田中義一陸軍大将に譲って引退してしまいました。

加藤内閣は男子普通選挙法を実現し、それとともに治安維持法を通したことだけが教科書で強調されますが、実績はそれだけではありません。特に、行財政改革は内閣の屋台骨を揺るがすメインイシューでした。そしてそれには、濱口蔵相の果たした役割が小さくありませんでした。

濱口は陸海軍を含めた全官庁に節約を求めます。この過程で連立を組む政友会は反発し、減税とバラマキを同時要求します。今でも行財政改革では「総論賛成、各論反対」が政治家の常ですが、政権を揺さぶるために同時実現不可能な正論を並べて、人気取りをしつつ政権批判をするというのは常套手段です。結果、閣内不一致で内閣は分裂しました。

すると、加藤は政友会を切り捨てて内閣を継続させましたが、少数与党による政権運営の心労がたたり、首相在任中に死亡してしまいます。これによって、若槻内相が憲政会総裁の後継となり、ほぼ全閣僚をそのままに内閣を引き継ぎました。なお、このとき濱口は内相に横滑りします。しかし、ただでさえ「行革は抵抗が大きく、節約できる額が少ない」のに、少数与党ではなおさら何もできるはずがなく、経済界だけでなく社会全体に沈滞ムードだけが漂います。

高橋是清が救った経済危機

そうした中の昭和二（一九二七）年三月、若槻内閣は金融恐慌に直面します。関東大震災後に発行された手形が支払不能の不良債権と化しつつあり、政府は日本銀行に命じてそれらを引き受けるモラトリアム措置を実施していました。この措置は当初二年間の予定でしたが、その後二回の延長を経て、この時期まで続いていたのです。

ところが、三度目の延長を審議していた第五十二議会で、当時大蔵大臣だった片岡直温《なおはる》が「現に今日正午頃に於て渡辺銀行がとうとう破産を致しました」と失言したのをきっかけに、「銀行が潰れて自分が持っている手形をお金に替えてもらえないのではないか」との不安が市民の間に広がり、銀行から預金を一斉に引き出そうとする取り付け騒ぎが起こったのです。不安が騒動を呼び、騒動が現実化してさらなる不安を呼ぶという、典型的なパニックが日本中で発生しました。

そして、一ヶ月後には若槻内閣は内閣総辞職に追い込まれます。少数与党だったため、野党と枢密院の攻撃に耐えきれなかったのです。この結果、政権は政友会に移りました。いわゆる金融政変です。

田中義一新総理は恐慌に対処するため、政友会元総裁の高橋是清を蔵相に起用しました。

そして高橋は、この危機を見事に収拾しました。国民が「政府がお金を支払ってくれないのか」と不安に思っているのが問題の根源だと看破し、日曜で休業日にもかかわらず全国にお札を刷って届けさせました。この時、「間に合いません」と言い訳をする大蔵省や日銀に対し、「だったら裏面は白紙でよい！」と宣言し、その通りにさせました。

なお、高橋はこの過程で、若き財界世話役として悠々自適の生活を送っていた井上準之助を日銀総裁に登用しています。この時点での井上は、高橋にとって最も使いやすい第一の子分でした。井上は周囲から、高橋が率いていた政友会系列の人間と目され、田中内閣組閣の際には外交官の指定席であった外相の椅子まで用意されて入閣を誘われたほどの人物です。本書全体の主題である「増税の遺伝子」を探り当てる作業で重要となりますので、元々は「井上は高橋の第一の側近だった」という事実は確認しておいてください。

〝サプライズ人事〟

さて、国内はその後も慢性的な不況は続きますが、高橋の政策が効を奏し、金融恐慌は落ち着きました。高橋はそれを見届けて再び引退し、井上も昭和三年六月十二日に日銀総裁を辞めて「財界世話役」へ戻っています。

一方、濱口は立憲民政党を結成して総裁に就任します。そして、田中内閣が外交問題の失敗で退陣した翌日の昭和四年七月二日、濱口雄幸民政党内閣が成立します。田中政友会内閣から代わった時点で濱口民政党内閣は衆議院第二党です。近い将来に衆議院を解散して勝利し、第一党にならなければ政策は実現できません。

したがって、この時代の「憲政の常道」では政権交代後一年以内に総選挙が行われます。そして来るべき総選挙で確実に勝利するには、国民の支持を獲得できる政策を打ち出す必要があります。濱口新首相はそれを金本位制への復帰、金輸出解禁だと宣言しました。となると、注目は大蔵大臣人事です。

濱口は井上を引き抜き、蔵相に据えました。今風に言えば〝サプライズ人事〟でした。それはなぜかと言うと、たった一ヶ月前まで政友会随一の経済論客である高橋の最側近として、あるいは財界を代表する世話役として、井上は濱口の金解禁政策を舌鋒鋭く批判していたからです。なお、当時は事情通しか知りませんでしたが、井上は高橋の濱口・民政党批判の文書を代筆したりしていたくらいでした（「東亜経済力樹立ニ関スル意見」）。

この辺りの事情は、昭和史の研究では、無視、あるいは軽視されるのが常です。たとえば井上の批判者は、彼が高橋の最側近だった事実を無視します。一方、井上の弁護者は、色々な理屈をつけて井上が変節したのではないと言い張ります。つまり、井上と高橋をなにかと対立させたがるのです。しかし、「井上は高橋とは違う経済思想の持ち主で、井上は嫌々高橋の代筆をしていたのだ」などという証拠があるわけではありません。事実関係を素直につなげていけば、「井上は、元々は高橋の最側近だったが、わざわざ反対党の濱口の内閣に移り、間違った経済政策の推進者となった」となるのが自然な解釈です。

「守護神」の誕生

それよりも、井上蔵相の仕事ぶりを見ていきましょう。

井上は蔵相就任直後、民政党に入党します。これは、濱口内閣と運命を共にするとの姿勢を示すためです。井上は、一度決めたらトコトンやる性格です。したがって、つい一ヶ月前まで反対していた金解禁さえも、「自分ならやり切れる」という自信を持ちます。まるで自己催眠です。濱口は「景気対策には無駄を削ろう」という発想に凝り固まっていました。井上は濱口の路線を忠実に実現します。

まず取り組んだのが、前内閣が組んだ予算の削減です。濱口民政党内閣が成立したのは七月なので、当然、予算は執行されています。しかし、これは反対党の政友会内閣の組んだ予算で、濱口としては耐えがたいものでした。

そこで、井上は使える金額を帝国議会で定めた上限よりも低く抑える実行予算（現在の執行予算と同じ）を組みます。当然、政友会は「それは憲法違反だ」と反発します。野党に転落したとはいえ、政友会はまだ衆議院第一党です。ところが、井上と大蔵省幹部は、清水澄《とおる》・美濃部達吉・上杉慎吉といった憲法学者の学説を持ち出して理論武装し、「実行予算はすべての権威者が合憲だという意見で一致している」と論破して押し切ったのです。

こうして、予算総額五％削減が実現しました。衆議院は明治・大正を通じて最強の拒否権集団であることは前章で少し触れました。その衆議院の第一党に対して、民政党は少数与党でありながら勝利したのです。それまでスペシャリストとして身を潜めてきた大蔵省にとって、頼もしい「守護神」の誕生です。

世論の追い風も吹く

次に井上が持ち出したのが、官吏一斉一割減俸です。裁判官も含めて、すべての公務員管理職の給料を一割カットしようというのです。これは現代における「公務員人件費二割削減」のようなものです。しかし、これには当然、全省庁が反対します。若き岸信介などはその先頭に立って運動し、「商工省に岸あり」と名を上げます。

ところが、井上の反応には余裕があります。逆に「反対するなら商工省など潰してしまうぞ」と恫喝《どうかつ》したのです。井上は本当に、商工省を分かれたばかりの農林省と再統合しようとしました。商工省とは今の経済産業省（旧通産省）のことです。戦後の大蔵省と通産省の対立は有名ですが、戦後の大蔵省関係者で、ここまで強気の発言をした人はいません。

官吏減俸問題は、最終的に濱口首相の裁定で中止となりました。裁判所を含めた全省庁が団結して、初めて取りやめにすることができたのです。しかし、これは井上の躓《つまず》きになりません。『井上率いる大蔵省』対『その他全省庁』の対決は引き分けです。むしろ大蔵省だけが他省庁すべてを敵に回して一歩も引かなかったことで、井上蔵相・河田烈次官・藤井真信主計局長のラインは自信を強めます。さらに、自分以外の全官僚機構を敵に回してでも信念を曲げない井上の姿勢は、世論の支持を得るという追い風も吹きます。

そこで大蔵省は総出で、濱口内閣の看板政策である金解禁のキャンペーンを開始し、成功に繋げます。そして昭和五年一月十一日に金解禁は断行されます。今となっては、世界大恐慌が発生している時に金の輸出を解禁するなど、「暴風雨を前に雨戸を開けた」と批判されています。現に日本が保有していた金は大流出し、デフレ不況は加速されました。

しかも、その時点での為替相場レート（新平価）で解禁しようとすれば新たな法律の制定が必要ということで、大蔵省令一本で解禁しました。したがって、金輸出を禁止した十一年前のレート（旧平価）での解禁になりました。このとき石橋湛山は、「せめて新平価で解禁してくれれば」と慨嘆しています。

「税金を使う」主計局に重きが置かれる

しかし、濱口と井上の人気は絶頂で、「好況の前には、産業の合理化が必要なのだ」というスローガンの前に、国民は「痛みに耐えて頑張ろう」という気になっていました。そして、この年二月に行われた総選挙で与党民政党は二七三議席と、過半数を四〇議席近く上回る空前の大勝を得ました。これは汚い議会工作で得た多数とは違います。国民全体の圧倒的な支持を公式の手続きで獲得したのです。衆議院多数は濱口民政党総裁の威令下、つまり井上大蔵大臣の威令下にあります。かつてのように、衆議院が大蔵省の作った予算を平気で潰してしまう、などという事態は考えられなくなります。

こうして、大蔵省主計局が主役となる時代が来ました。すなわち、それまで主税局が花形だった「税金を集める」ことよりも、「税金を使う」主計局のほうに重きが置かれる時代になったということです。大蔵大臣の最大の仕事は予算編成ですが、井上はこれを三回も行っています。濱口首相は緊縮財政をやりたがっている。ならば額の大きいところを削ればよい、ということになります。井上は大号令をかけます。「陸海軍、ついでに内務省を見せしめにしてしまえ！」と。

歴史学の通説を信じている方は、「戦前の日本を支配していたのは軍部ではないのか。陸海軍以外で最強の官庁と言われたのは内務省ではなかったのか」との疑問を思い浮かべるかもしれません。ではあえて、歴史学で濱口内閣の業績として必ず出される一九三〇年のロンドン海軍軍縮条約批准過程を追いながら説明しましょう。その実情はまるで違います。

ロンドン海軍軍縮会議の構図

昭和五（一九三〇）年当時、日本海軍はアメリカを敵だと看做《みな》して、政府に軍艦を造る予算を請求し続けていました。しかし軍艦を造り続けると財政が圧迫されるのは、日米両国とも事情は同じです。そのため、日米両国は何度も国際会議を開いて不信感を取り除き、建艦費用を削ろうという努力もしていました。そうした会議の一つがロンドン海軍軍縮会議です。ただし、条約は外国と結んできても、国内で正式の承認手続きがなされなければ有効になりません。事実、日本国内では猛烈な反対運動が起こり、条約の成立が危ぶまれます。

条約反対派の中心は、海軍軍令部という、作戦を考え、戦争になれば実際に軍隊を動かす人たちです。だから彼らは「対米七割の海軍力がないと不安なので、予算は譲ってはならない」と主張しました。そして、加藤寛治《ひろはる》軍令部長や末次信正次長の政府攻撃を民間右翼が煽り、野党政友会や枢密院もこうした動きに同調します。

一方、条約賛成派の中心はもちろん内閣です。濱口首相は対外政策では、米国に受けの良い幣原《しではら》喜重郎外相を重用し、身内の若槻元首相をロンドンに全権大使として派遣し、対米六割九分七厘五毛の海軍力という線で妥協してきました。これに、現職海軍大臣の財部《たからべ》彪《たけし》や、長老の岡田啓介元海相らが追随します。

財部や岡田は、軍令に対し軍政畑の人間です。軍政とは、軍が戦うための人事を管理し、物資や予算を配分することです。他省庁との折衝も海軍省が行います。その結果、「軍事専門的見地から海軍力がアメリカの七割程度あれば安心だが、予算の問題がある。財政状況が厳しい以上、当のアメリカと友好条約を結んで財源を浮かせたほうが合理的である」という主張が海軍省の総意となりました。

要は「無い袖は振れない」というわけです。

井上が「史上最強の大蔵大臣」である理由

歴史学ではロンドン条約批准は、「濱口内閣が巨大な壁である軍部に立ち向かい勝利した、政党内閣の金字塔」などと評されます。しかし、首相と蔵相の信念が最後まで揺るがない場合、条約反対派に勝ち目などありません。この時の濱口内閣は衆議院で多数を制しているため、枢密院が反対しても内閣を潰すことはできません。当時の帝国憲法では、枢密院の意思と衆議院の意思が対立した場合、衆議院の意思が通るのです。

また、大蔵省から見た場合、海軍は最も予算を削りやすい官庁です。例えば戦艦を考えてみてください。戦艦の最小単位は一隻です。「二分の一隻」などはありえません。これを「分割不能単位」と言います。一隻だけでも、現在のお金で換算して何千億円もかかります。一隻の予算を認めるのか認めないのか、何千億円もかかるのを許すのか許さないのか、二者択一しかないのです。つまり、大蔵省主計局の胸先三寸で、査定される海軍軍人の出世と人生は変わるのです。

ロンドン条約批准の騒動で懲《こ》りたのか、岡田啓介は若者の就職相談に対し、軍人ではなく大蔵官僚の道を勧めたとの逸話が残っています。

ちなみに、よく「軍部」などと一括《くく》りにされる陸軍は、この騒動に対してどうしていたのでしょうか。結論を言ってしまえば、「他人のフリ」です。海軍の様子を見ていれば、どんなとばっちりが陸軍にもやってくるかわからないので、それは当然でしょう。時たま海軍に飛行機の予算がつけてもらえそうになると「自分たちも飛行機が欲しい」と陳情に来るくらいです。

昭和初期の日本を、いざとなれば暗殺や暴力で脅せば何とでもなる無法社会と考えたら訳がわからなくなります。井上準之助が生きていた時代の日本は、我々と同じ社会です。法の支配が貫徹する世界では、権限がすべてです。特に官僚機構では予算が最強の権限です。「明治二二年大蔵省官制」第七条第一項に主計局の「事務」として「総予算総決算に関する事項」が明記されていますが、政党内閣制の実現で議会が政府の追認機関となった以上、これはもはや「事務」ではなく決定権なのです。

そして昭和六年に作成した昭和七年度予算では、井上は空前絶後の暴挙を行います。何と、予算請求案を大蔵大臣自らが委員会を立ち上げて作ったのです。その揚げ句に、「新規項目が欲しければ、その金額分の別の予算を自分で削ってから来い！」とまで付け加えます。大義名分は「緊縮財政」です。他の省庁は唯々諾々と従いました。

他省庁に対してここまで強力な権力を振るった大蔵大臣は、後にも先にも井上以外にいません。役人の世界、特に霞が関の中央官庁では、他省庁にどれだけ権力を振るったかが評価基準です。その意味で井上は「史上最強の大蔵大臣」なのです。

２－２　大蔵省の浮上と政治家の自滅

全省庁が大蔵省に屈伏した瞬間

さて、ロンドン条約批准に不満を持つ右翼青年に狙撃されて重症となっていた濱口首相は職務続行不可能となり、昭和六年四月に総辞職します。後継は若槻が民政党総裁の椅子とともに継ぎます。暗殺によって政権交代をさせないという姿勢を示すことは「憲政の常道」としてすっかり定着していました。

歴史学では、昭和初期という時代は、濱口首相の暗殺未遂に始まる「暗い昭和」のイメージで語られるのが常ですが、首相狙撃という暴力で政治を動かすことはできません。首相決定権を握っている西園寺公望《きんもち》元老も民政党の党内調整を待つだけです。閣僚の陣容はほとんど前内閣のままです。もちろん議会の議席での民政党の多数も揺らぎません。

強力な指導力を有した濱口と違い、若槻は「弱い総理」との歴史的評価を受けています。

確かに、何をやらせても器用に捌《さば》く大秀才ではありますが、総理大臣だけは二度もやって二度とも失敗しました。先に金融恐慌で枢密院を恐れて退陣したことは触れましたが、二度目の首相就任時も同じ轍《てつ》を踏みます。ただ、もう少し事情を細かく見ていくと、違う側面があることも見てとれます。

内閣の中心である蔵相の井上の権力は変わりません。発足当初の若槻内閣の政権基盤はしっかりしていました。そして若槻内閣は、濱口内閣の金解禁・緊縮財政政策を続けます。しかし、若槻や井上らの努力に反比例して不況は続きます。そこで井上はさらなる節約案として、ここで亡霊のような政策を提案します。それが、先に提出して中止に追い込まれた、「官吏減俸一斉一割削減」です。忘れた頃に復讐してくるのが役人の世界、約二年前に実行できなかった案を再び持ち出したのです。

当然のことながら、今回も全官庁が反対しました。全官庁だけでなく、裁判官もストライキをちらつかせて抵抗します。しかし井上は「常識人の裁判官にそんな勇気はないだろう」などと放言しています。そして、今度は首相に止められることなく、この削減案は実現しました。この瞬間、裁判所を含めた全省庁が、大蔵省に屈服しました。

なお、この時を最後に、岸信介は生涯一度も大蔵省と喧嘩をしていません。先の「官吏一斉一割削減」では、反対運動の先頭に立ち、「商工省に岸あり」と言われたほどの人物がです。満洲国では関東軍に一目置かれ、商工次官時代には大臣に辞表を叩きつけ、戦時中は東條首相への首切り役人として名乗りをあげたほど喧嘩っ早い岸が、以後の官僚・政治家人生で一度も大蔵省と喧嘩していないのです。

井上の失敗と陸軍の不穏な動き

井上のパワーの源泉は、与党を押さえていることです。ということは、民政党の党人政治家は拒否権集団になる可能性があったということです。今風に言えば族議員です。彼らと井上は、行財政改革を争点に争います。しかし井上はこの場でも一歩も引きません。国立公文書館に『臨時行財政審議会総会記録』（各種調査会委員会記録）という史料が残されているのですが、そこでは井上は、ここまで言っていいのかと思わず党人政治家たちに同情したくなるほどの居丈高な発言を連発しています。

例えば「行財政改革は一年くらい研究してからではどうか」と、問題の先送りを提案する議員に対して、「その必要はない。自分はそのことをよくわかっている」というような感じです。こんな切り方をされたら、政治家として面目失墜ですが、井上にとってはそんなことはお構いなしです。結論もおおむね、大蔵省の原案で通ります。部下の官僚たちにとっては頼もしい限りの上司でした。

ただし、これまで井上の強さばかりを強調してきましたが、「成功した」とは一言も言っていません。実はこの頃、井上の部下の大蔵官僚たちも、金解禁を柱とする井上財政が誤りであると気づき始めていました。

大学生の就職不況が到来し、『大学は出たけれど』という映画が流行しました。この当時の大学生は「学士様」であり、帝国大学を出る時はおおよそ二十七歳に当たるため、現在の感覚でいえば大学院を出たようなものです。しかも平均寿命五十歳をようやく超えた時代です。大学進学率五〇%の今とは比較にならないほど、「学士様」の社会的地位は高かったのです。

その彼らが路頭に迷う。それは社会不安の温床以外の何物でもありませんでした。東北では娘の身売りが相次ぎ、農民に餓死者まで出ました。井上財政では三年経っても景気が回復するどころか、さらに悪化していきました。井上に、かつての優秀な金融マンとしての面影はなく、江戸時代の如く、ひたすら倹約財政を説くだけです。昭和六年の夏になると、さすがに世論も離反していきました。

部下に政策転換を進言され、「君までそんなことを言うのか」と絶句した井上の話が残っています。井上も薄々は自分の誤りに気づいていたからこんな反応になったのでしょう。ただし、もはやそれを認めることはできないほど深みにはまっていました。

もはや十二年に及ぶ長期不況で人心は倦《う》み、転換を期待する声が勢力を増していきます。しかし、総選挙で勝利した政権は次の総選挙まで合法的手段では倒せない。ならば、非合法手段に訴えるしかないのではないかと思いつめた集団がいました。それが陸軍です。

といっても、陸軍の幹部たちは政党政治家に媚《こ》びて出世しようという連中ばかりです。そこで密かに結集したのは中堅層です。彼らは「一夕会《いっせきかい》」という秘密結社を作りました。荒木貞夫・真崎甚三郎・林銑十郎《せんじゅうろう》の三人の将軍を押し立てて、陸軍改革を行おうという目的で集まった会です。主だった面々の名前を挙げると、永田鉄山・東條英機・武藤章・石原莞爾といったところです。他にも、昭和の有名な陸軍軍人はほとんどすべてが加入しています。

この中で関東軍参謀だった石原は、政府の目が届かない外地で改革を始めるしかないと、満洲事変を起こします。若槻内閣が弱体化するのは、この対応をしくじったからです。ただし昭和史でよく語られる、軍部の圧力の前に政党内閣はズルズルと交代した、などという単純な話ではありません。ここで、その模様を大蔵省の視点を中心に話をしていきましょう。

満洲事変勃発と時代の空気

国内では不況で苦しむ日本は、国外では大陸政策に苦慮していました。当時の日本は朝鮮を併合し、さらにその向こうの南満洲を勢力圏としていました。防衛線を遠くに設定するとともに、国内の余剰人口を海外に送るためです。

南満洲には日本人だけでなく、朝鮮人も移住していきました。しかし、当時の南満洲は無法地帯です。現地軍閥（つまりマフィア）の張学良という漢人は朝鮮人を狙い撃ちにします。ところが、「日中友好」を標榜していた外務省はこの狙い撃ちに冷淡でした。

一方、法的には日本国民である朝鮮人の生命や財産が侵害される事態に世論は憤り、関東軍は彼らの保護を理由に張学良の討伐を開始しました。これが満洲事変です。昭和六（一九三一）年九月十八日夜のことです。この辺りの事情には深入りしませんが、当時の日本では、張学良討伐が容易に正論として受け容れられる空気だったことは理解しておいてください。

さて、満洲事変の関東軍というと「独走」「暴走」の代名詞です。現代の経済界では、政府の統制が効かない日本銀行を「平成の関東軍」などと呼んだりします。しかし、こんな表現を当時の関東軍の軍人さんが聞いたら驚くでしょう。昭和史の理解では「陸軍最強」という人がほとんどでしょうから。そこで、この辺りの事情を少し詳しく見ていきましょう。

まずは、満洲事変勃発時の内閣の反応です。いかに張学良討伐が正論でも、政府に断りなく軍隊を動かしたらそれは憲法違反です。事変勃発から一夜明けた閣議では、南次郎陸相は他の閣僚から面詰されています。ところが、一人だけ、南陸相の蚊の鳴くような声の主張に耳を傾けた大臣がいます。それが、若槻首相です。張学良討伐には理があり、関東軍の行動は緊急時だから正当だと判断したのです。そして事変勃発から四日めの二十二日、若槻首相ひとりの英断で事件関係費の支出を認めました。すなわち、閣議が認めた以上、関東軍の行為は違憲ではなく、合法行為となります。

では、ここまで大蔵省は何を考えていたのでしょうか。事変勃発直後の十九日には「所要ノ経費ハ別途支出スル」（所要の経費は別途支出する）との書類が作成されています。これはあまりにも重要な事実なので、出典を明記しておきます。「昭和六年九月十八日夜生起セル事件ヲ事変ト看做ス旨ヲ定ム（草案）」（国立公文書館所蔵『公文類聚・第五十五編・昭和六年』七ノ四）です。

結果的に、当日の閣議の雰囲気は反対に染まっていたので草案の段階で却下されているのですが、大蔵省は満洲事変に絶対反対だったというわけではなかったという事実がわかります。ちなみに、二十二日の首相裁定に際しての井上の感想は、「この程度の臨時出費ならば財政状況から見てたいしたことがない」というものでした。関東軍に政策的な正当性を認めていた証拠です。

陸軍と外務省の対立

さて、内閣からお墨付きをもらった関東軍は独走を続けます。若槻は事態を飲み込めなかったため、とりあえず問題解決を先送りしようと不拡大方針を掲げます。そして若槻は、諸悪の根源である張学良をこの際討伐してしまおうとする関東軍と、「日中友好」を省是とする外務省の対立でノイローゼになってしまいます。しかも事もあろうに、安達謙蔵内務大臣に辞意を漏らしました。安達は井上の台頭を面白く思っていない、民政党の最古参の党人政治家です。安達は金解禁政策の放棄と野党政友会との連立内閣の樹立を進言します。当然ながら井上は反発します。今度は、若槻は安達と井上の間で板挟みになってしまいます。

その、統治能力をなくした首相の下で、陸軍・外務省・安達内相一派・井上以下大蔵省の路線対立が錯綜します。このとき、強力な指導力を発揮したのは、やはり井上でした。井上は財界人としての資金力と現職蔵相としての権力があります。そして、あっという間に与党民政党代議士二七〇人中二四〇人を籠絡《ろうらく》しました。野党政友会など物の数としません。南陸相などは民政党の集まりに参加して、若槻内閣への忠誠を誓っているのです。

こうして井上の指導で力を回復した若槻内閣の下で、陸軍と外務省は歩み寄ります。まず、陸軍参謀本部が関東軍に撤退を厳命しました。関東軍はそれまで、張学良が攻撃してきたから「自衛」のために敵の陣地を占領するのだという言い訳をしてきました。

しかし、これは本来であれば明らかな脱法行為です。これに参謀本部は、あらゆる言い訳を認めない絶対命令を下したのです。その結果、関東軍は張学良の根拠地の錦州を目前にしながらも、スゴスゴと撤退しました（「独走」の実態はこの程度なのです。総理の呼び出しにも「忙しい」の一言だけで電話で済ます今の日銀をみたら、関東軍はどれほどうらやましがるでしょうか）。

こうして、外務省はこれを交渉材料として、国際連盟に日本に満洲における匪賊《ひぞく》討伐権を認めさせます。つまり、日本は満洲の実質的支配者である張学良を討伐しないことで、現状維持を求める国際連盟の顔を立てました。その代わりに、満洲で日本人に対して不法行為を働く張学良配下の匪賊を討伐し、自分の権益を守る権利を得たのです。

前者は外務省にとって、後者は陸軍にとって満足のいく内容でした。張学良打倒を強硬に主張してきた現地の関東軍は不満でしたが、中央の政府の意思が明確になった以上、関東軍は何もできません。

こうして、東京の外務省と陸軍の分裂は解消されたのです。十二月十日のことです。

すべては「軍部」が悪いのか？

ところが、国際連盟での匪賊討伐権容認の報道が入ってきたその十二月十日、安達内相は造反し、閣議をボイコットしてしまいました。戦前の内閣官制の運用では、一人の閣僚が造反すれば、一度は閣僚全員の辞表を出さねばなりません。当時からこの慣例は不合理だと思われていましたが、慣例は慣例です。その結果、安達一人が家に引きこもっただけで、結局は内閣総辞職に至ります。

元老の西園寺公望は悩んだ末に、野党政友会の総裁である犬養毅を次期首相に選びます。形式的には「憲政の常道」を守ったことになるのですが、中身は陰謀による政変です。

犬養は十二月十二日の組閣で蔵相に高橋是清を起用しました。高橋は就任即日、金解禁を停止しました。ここから「不況乗り切りの達人」である高橋の独壇場になるのですが、それは次章にしましょう。

結局のところ、関東軍や陸軍が内閣を倒したのではありません。現地の関東軍は、泣く泣く参謀本部の命令に服しているのです。一方の東京の参謀本部や陸軍省も、政府の意思に服しているのです。昭和の陸軍は常に悪者として語られるのですが、「暗い時代」のイメージで語られる昭和初期に起きた問題の何もかもを「軍部」のせいにしては本質から目を背けることになります。

ここまで見てきたように、政党内閣は政治家の自滅によって転落していったのです。しかも事の張本人である安達内相が最も強硬に主張したのは井上財政批判、特に金解禁政策の否定です。金解禁政策からの転換自体は正しかったといえるのですが、しかし、そのやり方はあまりにも問題があり、禍根を残す形となりました。

明治以来、最強の拒否権集団だった衆議院は、内紛によって力をなくしていきました。その後、二大政党である民政党と政友会は激しく対立して足を引っ張り合い、それぞれの党内でも内紛が絶えなくなります。その結果、世論も政治家に愛想をつかし、軍人の行動を支持するようになっていきます。同時に、政党政治家は選挙で当選するために、軍人以上に軍事冒険主義を煽るようになります。

『男子の本懐』の三つの誤り

ここまでの説明で、本章の冒頭で挙げた『男子の本懐』と史実の違いはおわかりいただけたでしょうか。

誤りを三つ挙げます。一つめは、井上準之助は強力な抵抗勢力に立ち向かった弱い立場の政治家などではないということです。

二つめは、大蔵省は弱い官庁などではないということです。むしろ他のすべての官僚機構が大蔵省を恐れていました。井上蔵相に言うことを聞かせられるのは、総理大臣が固い決心をした時だけです。蔵相の権力の源泉は総理の信頼です。総選挙に勝利し、衆議院の多数を制する首相は誰も引き摺り下ろせません。その首相から全権を委任されて予算編成を行う大蔵大臣は、第二総理大臣のようなものです。

憲政の常道の実現により、衆議院は総理大臣の支配下に入りました。もはや衆議院の拒否権に内閣が悩まされることはありません。そして、大蔵省の特に主計局は、予算編成権という推進力を衆議院を基盤とする内閣の名の下で行使できるのです。井上や大蔵省主計局こそが、この時代の絶対権力者であり、陸海軍など「並びの山」にすぎなくなったのが井上時代なのです。

そして、三つめの誤りです。井上が元々金解禁論者で、高橋是清と早くから路線が違っていたというものです。実際、財政・金融政策で最終的に対立した以上、この話は説得力を持ちがちなのですが、これは実は「井上が変心した」という説明でも十分なのです。「高橋の下にいながらも実は内心は反対だった」などと内心を証明する決定的な史料が示されていない以上、事実特定はできません。もちろん、高橋が井上の財政・金融政策を全否定した以上、学術的に「井上財政」と「高橋財政」を対立概念とするのは妥当です。ただし、城山三郎的に「井上と高橋は徹頭徹尾対立していた」との構図を強調しすぎると、重要な事実が隠されてしまうのです。

何より、当事者の正史である『大蔵省史』では「井上財政」と「高橋財政」は対立概念ではありません。これはなぜなのでしょうか。これこそが、本書で提起したい真の謎です。

ところで、お気づきになったでしょうか。高橋はもちろん、井上や江戸時代そのままの経済思想の濱口ですら「増税」だけは口にしていないことを。

増税こそが財務省本流の思想である――この考えは歴史的に誤りなのです。それは『ベルばら』を史実だと思い込んでしまうようなものです。では、どこで間違いが刷り込まれたのでしょうか。謎解きは第3章で行います。

第２章のポイント

1 「憲政の常道」で衆議院が予算に反対しなくなると、大蔵省主計局が花形官庁になった。

2 史上最強の大蔵大臣となった井上準之助の前に、陸海軍は戦々恐々としていた。

3 経済失政の見本のような濱口雄幸や井上準之助でさえ、増税だけは行わなかった。

第3章

パンドラの箱

大蔵省史観の「異物」

1932-1945

3-1　高橋是清の闘い

私たちは仁和寺の法師を笑えるか?

兼好法師の随筆『徒然草』第五十二段に、「仁和《にんな》寺にありける法師」というお話がありま す。短いので全文を訳しました。

仁和寺のお坊さんが、年をとるまで石清水八幡宮を拝んだことがなかったので、残念に思っており、ある時思い立って、ひとりで歩いて参詣し、極楽寺や高良《こうら》社だけを拝んで、「これで願いがかなった」と思って帰ってきました。

そして、仲間に向かって、「長年願っていたことを果たしました。評判以上に尊いお宮でした。それにしても、参拝する人たちがみんな山に登って行きましたが、何があったのでしょうか。気にはなりましたけど、神様へお参りするのが目的だと考えて、山の上までは見物しませんでした」と言ったそうです。

少しのことにも、案内者は持ちたいものです。


極楽寺や高良社があまりにも豪勢だったので仁和寺の法師は勘違いし、ご祭神の八幡様をお参りしてこなかったという笑い話です。正しい知識がないとは恐ろしいものです。

しかし、大蔵省の正しい歴史を知らずに、「増税も仕方なし」などと思い込んでいる平成の日本人が、鎌倉時代のお坊さんを笑えるでしょうか。

我々は、真実の歴史をまるで知らないのです。

西園寺公望が未来を託した二人の人物

昭和六年十二月十三日、犬養毅政友会内閣の蔵相に就任した高橋是清は、即日、金輸出を停止します。高橋蔵相はその後も矢継ぎ早に対策を打ち続け、日本経済は奇跡の回復軌道に乗ります。結果的に、日本は二年で長期デフレ不況から抜け出しました。高橋の行ったことは、井上準之助前蔵相による金融財政政策の全否定です。その意味で「井上vs.高橋」の構図は正しいといえます。しかし、それは「極楽寺」や「高良社」の話であって、「山の上のご祭神」の話ではありません。

ここで、現在の我々の価値観を持ち込む前に、当時の人々が何を考えていたかを探りましょう。

昭和期、最後にして唯一の元老は西園寺公望です。この時、首相決定権者である西園寺は苦悩していました。戦前の天皇は内閣の代替わりの時、新総理に三つの御言葉を授ける慣例がありました。それは、「憲法を守ること、外交で無理をしないこと、財界の安定をはかること」です。現実の二大政党は自滅の道を歩んでいます。陸軍は時の世論の支持を受けていますが、広い国家的見地があるわけではありません。西園寺は昭和六年十二月に犬養毅政友会内閣への政権交代を決断した際、二人の人物に日本の未来を期待しました。

一人は政友会の長老である高橋是清です。西園寺は首相よりも蔵相を重視した人物で、その「財界の安定」を高橋に託しました。もちろん、西園寺は民政党から政友会への政権交代は、前内閣の井上財政を全否定することだと自覚しています。この時の西園寺の心境は、元老秘書である原田熊雄男爵の手記『西園寺公と政局』に逐一記録されています。

ところが原田は、西園寺が期待したもう一人の意外な人物の名を記します。その人物こそ、井上準之助前蔵相です。井上は野党・民政党の選挙対策委員長になっていました。今や高橋の仇敵《きゅうてき》です。では、西園寺は井上の何に期待したのでしょうか。それは、日本を共産主義から守る強い指導力です。すなわち、西園寺は「財界の安定」を、自由主義経済の擁護と捉えていたのです。

「現状維持勢力」と「現状打破勢力」

西園寺は、日本を滅ぼそうとする悪意の存在を感じ取っていました。当時、日本の隣にはソビエト連邦があり、「私有財産制は悪だ」「世界中の金持ちを殺せば人類は幸せになれる」などと公言していました。この思想が共産主義です。ソ連の独裁者・スターリンは世界中にスパイを放ち、これを実現しようと本気で工作していたのです。そしてソ連にとって隣の強国である日本は最重点国でした。

西園寺は早くから「陸軍の中にアカが相当に紛れ込んでいる」と睨《にら》んでいました。アカとは共産主義者の蔑称です。現に共産主義者たちは、「日本は天皇を中心に纏《まと》まっているから手ごわい、ならば最初に天皇と国民を離反させてしまえ」とあらゆる手段を使って陰謀を働かせていました。実際、西園寺の懸念は進行中でした。

社会情勢が不穏になるにつれて、「天皇は夜な夜な遅くまで側近たちと麻雀をしているらしい」「クラゲの研究者（昭和天皇のこと）は日本の伝統や歴史についての理解や興味は弱いらしい」など、明治天皇の時代ならありえなかったようなデマが平気で流されます。しかも、共産主義者は右翼を装うのが得意であるため、始末におえません。その結果、国民の疑心暗鬼は広がり、政治不信は政治家や官僚だけでなく、天皇にまで向けられたのです。

西園寺が最も敵視したのは、平沼騏一郎《きいちろう》枢密院副議長とその一派です。平沼は検事総長出身で民間右翼や軍人に人気がありました。しかし、西園寺から見れば平沼の言動は、体制の安定を揺るがす全体主義者としか思えません。逆に平沼からすれば、西園寺は危機の時代に現状維持に汲々とする国賊だと目に映ります。この頃は、誰もが政敵を「あいつはアカだ」と罵《ののし》りあう時代になっていました。このように、スターリンの思惑は見事に的中し、日本人同士が「現状維持勢力」と「現状打破勢力」に分かれて争うことになります。

とにかく、西園寺にとって皇室を中心とした日本の憲法体制そのものを危うくする者は「アカ」です。逆に、自由主義経済は皇室の防壁です。そこで、手段を選ばぬ共産主義者と、彼らに踊らされたテロをも辞さない現状打破勢力から日本を守れる人材として、西園寺は高橋と井上を信頼していたのです。経済政策が真逆であったとしてもそれは小さなこと――これが西園寺の信念でした。

「憲政の常道」が揺らぐ

では、強い指導力の主体はどこにあるのでしょうか。もちろん、それは「憲政の常道」における最強官庁の大蔵省です。

大蔵省は金融財政政策を高橋蔵相の下で大胆に転換しながらも、井上旧体制を全否定しません。高橋は民政党内閣で次官を務めた河田烈次官を更迭し、田中義一政友会内閣で次官を務めた黒田英雄を復帰させますが、主計局長である藤井真信は続投させます。井上財政の中心人物だった藤井は、高橋蔵相になっても主計局長に留まり、今度は高橋財政の推進役になったというわけです。

その藤井を、高橋は将来の次官・大臣に育てようと考えました。つまり、このように大蔵省の人事ひとつ取ってみても、「井上vs.高橋」の構図ではないことがわかります。これまで見てきたように、予算を動かすことは国家権力の行使そのものです。権限を握るはずの衆議院が自滅の道をたどるこの時代、予算を編成する専門家集団である大蔵省こそ、現状維持勢力の砦《とりで》となったのです。

一方、現状打破勢力はテロで襲いかかりました。昭和七年二月の総選挙の最中、井上は血盟団というテロ集団に暗殺されました。選挙責任者にして党資金を一手に担っていた井上を失った民政党は大敗し、他方、政友会は三〇〇議席を超える大勝をします。その政友会も、犬養毅首相が白昼堂々と、よりによって首相官邸で海軍の若い軍人に射殺されてしまいます。五・一五事件です。

ここで「憲政の常道」が生きていたら、テロで政治が動くことはありません。与党政友会の後継総裁を西園寺元老が次期総理として奏薦すればよいだけです。しかし、憲法秩序の動揺は止まりません。

このとき、与党である政友会は二つの失敗をしてしまいます。まず、後継総裁に鈴木喜三郎という検察出身の人物を派閥の談合で据えたことです。鈴木は「総選挙で負けても日本は天皇中心の国だから、与党は下野しなくてよいのだ」などと放言して、大臣を更迭された〝前科〟がある人物です。西園寺は、そんな鈴木を蛇蝎《だかつ》の如く嫌っていました。こんな人物に日本を任せたら、自分の失敗を全部天皇の責任にしかねません。

もう一つの失敗は、鈴木総裁の側近たちが、首班を鈴木の兄貴分である平沼騏一郎枢密院副議長にしようとしたことです。政友会としては、政党内閣が不人気の時代なので、内閣の顔は軍人たちに受けの良い友達を据えて、大臣の椅子だけはいただこうという魂胆です。これでは、直前の総選挙で政友会に票を投じた選挙民から見れば、裏切り行為だと目に映ります。「憲政の常道」の担い手である政党はこの体《てい》たらくでした。

こうした形勢に西園寺は「憲政の常道」を諦め、齋藤実《まこと》・海軍大将に組閣させました。また、政友・民政の二大政党の協力で、「挙国一致内閣」の体裁を整えます。官界からも人材を集め、外交官の長老で陸軍に受けの良い内田康哉《こうさい》が外相、青年将校や世論に人気のある荒木貞夫中将が陸相になります。蔵相は西園寺の強い意向で高橋が留任し、高橋側近の三土《みつち》忠造《ちゅうぞう》も鉄道大臣として入閣します。

陸軍皇道派が恐れていたこと

この辺り、齋藤内閣成立からの過程を政治史の教科書では、「軍部の圧力が強まって憲政の常道は放棄され、日本は独裁へと踏み出した」「陸軍の中で皇道派と呼ばれる荒木貞夫や真崎甚三郎ら神がかった軍人たちが青年将校を率いて日本を壟断《ろうだん》した」などと記述されています。では、その実態はどうだったのでしょうか。

まず、齋藤内閣の功績を挙げましょう。昭和七年五月から九年七月までの任期中、世界中が不況で苦しむ中、日本はいち早く好況に転じました。これは、高橋が日銀国債直接引き受けという大技を使って市場に大量の通貨を供給し、デフレから脱却させたからです。ただし、これはこれで功績としては大きいものですが、齋藤内閣の功績はそれだけです。

それどころか、齋藤内閣の内田外相は、歴史に残る致命的失敗をしてしまいました。日本を国際社会の孤児にしてしまったのです。これでは高橋財政のメリットは帳消しです。

進行中の満洲事変は軍事的には全戦全勝で、満洲全域の占領に成功しました。その後、清朝最後の皇帝である溥儀《ふぎ》を担ぎ出し、満洲国を建国します。あとは、少しばかり国連の顔でも立てればそれで終わり、という状況でした。それなのに、内田外相は国際連盟との関係を決定的に壊してしまいます。内田は西園寺元老の前では英米との協調を説き、関東軍の前では軍人も驚くような強硬論を吐くという、その場の調子だけで行動する人物でした。議会で「たとえ国が焦土と化しても守るべきものは守る」などと連盟を露骨に敵視する演説をして、陸軍すら仰天させています。そして一切の妥協を拒否し、昭和八年三月には連盟脱退を宣言してしまいます。実は、これで一番困ったのが陸軍皇道派です。

そもそも皇道派とは、政党内閣に媚びて出世をはかる軍内部の風潮を一掃し、満洲事変で緊張する国際情勢に対応しようとする陸軍軍人の一派です。荒木貞夫陸相や真崎甚三郎参謀次長がその中心です。また、皇道派は青年将校や民間右翼だけでなく、一般世論の支持も得ていました。最も熱狂的に支持したのが婦人層で、荒木のような軍人が『婦人公論』の特集インタビュー記事を毎回のように飾る時代でした。ここまで世論に期待されると、皇道派もそれに応え続けなければなりません。

皇道派の目的はソ連への警戒です。そのため皇道派は、満洲国を防壁にしようと考えていました。国内ではそのための予算として「満洲事件費」が認められていますが、これはあくまで臨時予算であって、いつ切られるかわからないものでした。

そんな時に国際社会、特に英米を敵に回すようなことをされたら、海軍に予算をとられかねません。これが外務省の強硬姿勢に荒木や真崎が慌てた理由です。しかし、二人が恐れていたことは的中し、軍事予算の分捕り合戦が始まりました。海軍は、大海軍国である英米との緊張を理由に予算の増額を求めてきます。

陸軍に立ちふさがった高橋是清

さて、閣議での陸海軍の対立を裁くのは誰でしょうか。それは最終的には齋藤首相ですが、実質的には高橋蔵相です。そして、荒木陸相の予算請求は高橋にことごとく拒否されました。主計局が事細かに査定した資料に基づいた高橋の反論に、荒木が説明できないで立ち往生するという場面が何度も出現します。

そして荒木は「国家的見地から海軍に予算を譲る」という役人的に絶対にやってはいけないことをやってしまったのです。これでは陸軍の省益を守れない「駄目上司」との評価を受けざるをえません。そして荒木は昭和九年一月、病気を理由に陸相を辞職しました。こうして、高橋是清と大蔵省に叩き潰された皇道派の短い栄光は終わります。

後任の陸相は林銑十郎です。永田鉄山軍務局長が中心となり、真崎ら皇道派を失脚させていきます。永田や林は統制派と呼ばれ、皇道派に代わって陸軍の中枢を占めるようになります。

以上、陸軍が世論を背景に圧力を強めたのは確かですが、大蔵省の予算権限の前に常にはじき返されたのが実態であることはおわかりいただけたでしょうか。

複雑に人間関係と組織のしがらみが絡み合い、誰が敵で誰が味方かわからない中、しかも外相が無能で首相の指導力がまったく期待できない状況の中、高橋是清と大蔵省は予算権限を通じて必死に日本の進路を誤らないように舵取りをしていたのです。

二・二六事件と大蔵省史観

齋藤内閣は「スローモー内閣」と渾名《あだな》されながら、二年間も続きました。それは高橋以下、大蔵省が齋藤を支えたからです。

この齋藤内閣を襲ったのが「帝人事件」です。帝人という企業の会社の株取引をめぐり贈収賄があったとして、高橋側近の三土忠造鉄道大臣や黒田英雄大蔵次官をはじめ、十六人が逮捕起訴されたという事件です。黒幕は、平沼枢密院副議長と政友会・鈴木派で、この一連の騒動は「検察ファッショ」と呼ばれます。要は、検察が政治家を手なずけて大蔵省の覇権に挑戦したのです。

この時、齋藤は内閣を総辞職します。後継には同じ海軍大将の岡田啓介が就任します。岡田は、高橋が共立学校（現・開成高校）の校長をしていた時の教え子です。蔵相は高橋の強い推薦で藤井真信後任次官が昇格しました。さらに内閣書記官長（今の官房長官）は、河田烈元大蔵次官が就きます。三土や黒田の逮捕を検察の挑戦と看做した高橋らが、子飼いの大蔵官僚を枢要ポストに据えて対抗した構図になります。

なお、帝人事件には後日談があります。この事件で逮捕起訴された十六人は全員が無罪となり、しかも判決文では「有罪を立証できなかったから無罪なのではなく、そもそも事実が存在しない」と強調されるほど、「でっちあげ事件」の典型とされます。これは、大蔵省をあげて法廷闘争を行った結果でもあります。

さて、岡田内閣でも、大蔵省、海軍、陸軍、平沼派（枢密院、検察、政友会）が入り乱れて激しく争います。永田鉄山陸軍省軍務局長などは、派閥抗争の余波で斬殺《ざんさつ》されてしまいます。また、もともと体の弱かった藤井大臣は、肺気腫のために五十歳で死去してしまいます。後任蔵相はまたもや高橋是清の登板となりました。

岡田内閣は民政党を与党として戦い、昭和十一年二月二十日開票の総選挙では過半数の支持を獲得しました。その直後に発生したのが二・二六事件です。陸軍内の派閥抗争に敗れた皇道派の青年将校が暴力で政変を起こし、起死回生の政権奪取を目論んだのでした。この事件で高橋までが暗殺されてしまいます。またもや現状維持勢力は、非合法手段による攻撃にさらされました。

この有名な事件に関して大蔵省史観では「高橋是清蔵相以下、大蔵省は満洲事変以来の陸軍の圧力に抵抗してきたが、二・二六事件でとうとう軍国主義が勝利した」と記述され、それが通説にもなっています。

しかし、もしそれが本当なら、大蔵省も随分と情けない組織になります。そもそも二・二六事件で大蔵省は大臣が殺されたといっても、権限が奪われたわけではありません。検察と法廷闘争をして勝利するような優秀な集団が、易々と「憲政の常道」時代に手に入れた権力を手放したのでしょうか。もしそうだとしたら、説明がつかないことが多すぎます。

例えば、東條英機といえば「カミソリ東條」の異名で知られた陸軍随一の強面《こわもて》です。その東條が関東軍参謀長という、泣く子も黙る地位にいた時の話です（昭和十二年三月から翌年五月頃の話と推定されます）。この時、満洲に出張に来た大蔵省の主計官が釣りを趣味にしていると聞き、東條は「お楽しみください」と湖の真ん中で列車を止めようとしたというのです。この時の主計官は、三十二歳の福田赳夫（後の総理大臣）です。東條は二十歳以上年が若い福田に揉み手で官官接待をしたというのです。大蔵省が「陸軍の財布」と化していたのなら、なぜそんな必要があったのでしょう。昭和十年代といえども、日本は法の支配が貫徹している国家です。つまり、軍刀よりも予算権限のほうが強かったのです。テロやクーデターなどで国家は動かないのです。

ただし、より詳細に見ていくと、別の側面があることに気づきます。二・二六事件そのものよりも、その直後に起きた異変のほうが重要なのです。

3-2 「ご祭神」と日本の運命

重要なのは、二・二六事件そのものではない

高橋是清を失った二・二六事件は、たしかに現状維持勢力の拠点である大蔵省にとって危機でした。ここで『大蔵省史』が筆誅《ひっちゅう》の如く特筆する「ご祭神」が登場します。

その「ご祭神」の名は、馬場鍈一《えいいち》です。大蔵省にとって、「井上vs.高橋」の対立など「極楽寺」や「高良社」の類《たぐい》の話であって、この馬場こそ「山の上のご祭神」なのです。一般には無名ですが、大蔵省にとって最も許しがたい大臣はこの馬場鍈一です。ここで、大蔵省の本音を最も語っていると思われる『大蔵省外史』に従って、この馬場が何をしたかを追っていきましょう。

まず『外史』中巻二〇四〜二一六頁は、馬場の経歴と人物像を、これでもか、これでもかと詳述します。明治三十六（一九〇三）年に馬場は大蔵省に入省、四十年からは法制局入り

し、大正十一（一九二二）年には長官に就任します。その後、貴族院議員として最大会派「研究会」の領袖として暗躍し、数々の政変に関係して政友会に貢献した人物とされます。

　しかし、そのあまりに露骨な陰謀ぶりが政友会（特に鈴木喜三郎、森恪《つとむ》、鳩山一郎ら。彼らは歴史学では腐敗した政党政治家の典型と評価される人物です）にさえ嫌われ、政友会内閣での入閣を拒否されたと付け加えられます。こんな馬場が二・二六事件のドサクサに紛れて政官界の中枢に登場するのです。

　二・二六事件直後、西園寺公望は近衛文麿《ふみまろ》貴族院議長を次期総理として奏薦しますが近衛に拒否され、岡田前内閣で外相だった廣田弘毅にお鉢が回ります。廣田は外務省で同期の吉田茂らを参謀に組閣を進め、最後に蔵相予定者として東大で同世代だった馬場を呼びます。しかし、閣僚予定者名簿を見た馬場は、これでは陸軍が納得しないから「内閣の組織が困難であろうと思う」と予言めいた発言をします。この「予言」は的中し、閣僚予定者名簿が新聞に報道されるや否や、陸軍から猛烈な反発が起こります。

　この時の陸軍の主流は「統制派」ですが、彼らは「皇道派のような連中を再起不能に追い込まねば、またこういう不祥事が起こる」「それには政官界の粛正が必要だ」などと、次々と無理難題の要求を押しつけてきます。それは例えば吉田茂の放逐ですが、廣田はこんな要求すら呑みました。そして、吉田が組閣本部を去ってからは、馬場が自由主義閣僚の排撃と軍拡路線を軸とする組閣を仕切っていました（『外史』一九五〜二〇一頁）。

もう少し正確に補足すると、廣田のほうも「そこまで自分の言うことを聞いてくれないなら、組閣を辞めるからお前たちが責任を取れ」と逆に陸軍を恫喝したりしています。また、組閣を辞退したはずの近衛文麿も「組閣に協力する」などと言ってその影響力を行使したりしています。これらの話を総合すると、馬場こそが、廣田と陸軍、そして近衛との調整に当たった「マッチポンプ」なのだと、『大蔵省外史』の記述から読み取れます。

帝国憲法体制を守るべき現状維持勢力の砦であった大蔵省に大打撃を与えたのは、二・二六事件そのものではない――これが重要な点です。

大蔵省の伝統に反する「異物」

馬場鍈一蔵相の在任は昭和十一年三月から翌年二月までですが、この馬場財政こそがパンドラの箱であり、遂に止められなかったというのが大蔵省史観です。『大蔵省外史』中巻二一四頁は馬場財政の本質を「経済統制」と「増税」だと結論付けます（なお、同頁の「経済統制」と「増税」にはわざわざ傍点が付されています。執筆者の憎々しげな心情がわかります）。

自由主義経済を旨とする大蔵省にとって、国民を苦しめる経済統制と増税は、本来の伝統に反するのです。引き続き、『外史』の記述で大蔵省の本音を見ていきましょう。

『外史』では、就任初日の馬場の記者会見を「財界に大なるセンセーションを起こし株式市場に衝動を与えた」(同二二六頁)、馬場が作成した昭和十二年度予算を「日本経済の急性異変症状」を起こした(同二三二頁)などと、露骨な表現で描いています。また、高橋蔵相がリフレ政策から引き締めに転じていた時期に、あえて財政膨張に踏み切ったと批判します(同二三二頁)。

ちなみに「正史」である『大蔵省史』は、「馬場蔵相の登場は大蔵省に大きな変動をもたらした」(二巻一四四頁)、昭和十二年度の予算編成では「主計局の査定は従来の方針とうってかわって寛大を極めた」「馬場蔵相の急激な財政政策の転換に財界は大きな不安を感じていた」(二巻一四九頁)と記し、『外史』とほとんど変わらない批判的記述で占められています。

さらに「正史」で、井上準之助は増税に最後まで反対して行革に拘《こだわ》った、藤井も高橋も増税は考慮したものの、それは一時的な歳入補完であって、恒久的に国民負担を強いることなどを考えてはいないと記述されているのと比べると、馬場の増税路線がいかに大蔵省の伝統に反するものであるかということがよくわかります。

つまり大蔵省にとって、「増税の遺伝子」は二・二六事件の大混乱の中で混入した「異物」なのです。

馬場蔵相の人事介入

その馬場が真っ先に手をつけたのが人事です。当時の大蔵省は、高橋是清の弟子ともいうべき賀屋興宣《かやおきのり》主計局長・石渡荘太郎主税局長・青木一男理財局長が「三羽烏《がらす》」と呼ばれていました。馬場は彼らを一斉に左遷したのです。

これには内部に裏切り者がいて、長沼弘毅秘書官がそのシナリオを書きました。なぜそんな断言をできるかというと、『長沼弘毅追悼録』にそう書いてあるからです。この本は大蔵省の有志が中心になって編纂した、伝記本お決まりの故人を賛美する体裁なのですが、よく読めば記述の大半は長沼の趣味のシャーロック・ホームズです。申し訳程度に故人の業績を称えつつ、いかに冷や飯だった長沼が外様《とざま》大臣の馬場の走狗として活躍したかを回顧しています。しかも、その裏切り者の長沼が敗戦後のドサクサで事務次官まで登りつめたのですから、馬場・長沼人事は大蔵省本流の人々にとっては許しがたい所業だったのです。

大蔵省史観では、井上や高橋がせっかく陸海軍を抑えていたのに、馬場が台無しにしたという立場をとっています。そしてここで指弾されるのは、紙幣増刷・赤字国債発行・国債の日銀直接引き受けといったリフレ政策ではなく、恒久的な増税です。

高橋是清がリフレで景気回復をし、通貨供給量が生産力を追い越してしまったので引き締めようとした時に、さらに無尽蔵に国債を増発し通貨供給量を増やす、しかもその財源をよりによって増税に求めたのが馬場です。これは、あらゆる経済法則に反した行為で、「日本を意図的に滅ぼそうとしていた」とでも言わなければ説明がつかないような行為でした。だから、馬場は大蔵省の天敵なのです。「井上vs.高橋」でもなければ「井上vs.高橋vs.馬場」でもありません。「井上・高橋vs.馬場」が大蔵省の歴史認識なのです。

馬場の「仕掛け」と「落とし穴」

さて、馬場の前に立ちはだかったのが、左遷された三羽烏、高橋是清の弟子たちです。彼らは井上時代にも順調な出世コースをたどっている俊才です。特に、賀屋興宣はただひとり理財局長として本省に残ったため、馬場やその側近たちの動きを観察しつつ、復活のチャンスを待ちます。

馬場が作成した昭和十二年度予算は、総額三〇億三八五〇万円、その内、軍事予算は一四億八〇〇〇万円です。これはいずれも前年比三割増しで、増額された歳出は四億円の増税で賄おうとしていました。しかも馬場には、大陸国家のソ連や中国、海洋国家の英米など、日本は諸外国との間で果てしない緊張が続くとの自覚があります。つまり、国際情勢の緊張が続く限り軍事予算は必要であり、歳入不足分は増税で賄うつもりでいたのです。すなわち、日本人を半永久的な増税ループに落とし込もうとしていたのです。

ちなみに、これは戦時体制時ではなく、「準戦時体制」時です。満洲事変は昭和八年に終結しています。昭和十二年七月の支那事変はまだ始まっていません。これは、昭和十一年に作成された予算なのです。「軍事と福祉は無限大の金食い虫」は、財政学の基本です。「準戦時体制」時に、国際情勢の緊張を理由に無制限に歳出を拡大、増税やむなしにまでもっていかれては破綻しないはずがありません。これが馬場の「仕掛け」でした。

ただ、馬場の側にも「落とし穴」がありました。以前と比べると力は衰えたとはいえ、予算の最終的な決定権はまだ衆議院にあります。衆議院の中には、馬場財政の危険性を察知し、陸軍の横暴を抑止しようとする代議士もいました。その先陣をきって質疑に立ったのが、政友会の浜田国松《くにまつ》前衆議院議長でした。「侮辱的な発言は慎まれよ」と威嚇する寺内寿一《ひさいち》陸相に対し、浜田は「議事録に自分が君を侮辱した言葉があれば腹を切って謝る。もしなければ君が腹を切れ」と追い詰めます。議場は野次と嘲笑で騒然となり、屈辱を感じた寺内は直後の閣議で衆議院の解散を主張します。

しかし、永野修身《おさみ》海相は解散反対を主張しました。軍事費拡大とはいえ、それまでどちらかといえば陸軍重視だった予算が、馬場財政のおかげで海軍にも恩恵が回ってくるようになっていたからです。それを解散でゼロからやり直しにされたらたまらないという思いが、永野にはありました。そして、永野に政党出身の四大臣が賛同します。その結果、十二閣僚中、五閣僚が反対に回ります。解散賛成は寺内陸相と馬場です。馬場は寺内以上に強硬に「解散反対の閣僚は辞表を出せ」と主張しました。

こうした対立を収拾できず、廣田内閣は総辞職に至りました。この時、「大蔵大臣独裁」(『西園寺公と政局』第五巻二二九頁。石渡荘太郎の発言）と言われた馬場も去ります。

待望される「強い政治家」

次の政権は、林銑十郎陸軍大将に移ります。この林内閣で大蔵省は反撃に移ります。蔵相には、日銀出身で日本商工会議所会頭にして日本興業銀行総裁の結城豊太郎を招きました。狙いは「抱合財政」です。日銀や財界と一体となって、馬場財政の路線を修正するためです。

事務次官には賀屋、主税局長には石渡を復権させるなど、馬場人事も元の軌道に戻します。ただ、一度決まったスキームを大幅修正することはできません。予算総額を二億円削ることには成功しましたが、その中に、軍事費のカットはほとんど含まれませんでした。

林首相は前内閣のこともあったので、衆議院には揉み手で接します。そうして予算を通した直後に、突如として「政党を懲罰する」などと解散を断行しました。まさに「食い逃げ解散」です。ところが、選挙の準備を何もしていなかったので、議席数は解散前とほとんど変わりませんでした。政治音痴の林陸軍大将は、自分を支持する国会議員などどこからでも降って湧いてくると本気で信じていたのです。

そこで、民政党・政友会の二大政党は内閣不信任案を突きつけます。当時の帝国憲法の慣例では、選挙直後に再解散することはできません。こうして林は、就任四ヶ月で惨めに退陣しました。この敗北で、陸軍で主流だった統制派は派閥の体をなさなくなります。昭和の陸軍というとすぐに内閣を潰す印象がありますが、現実はそうではありませんでした。

衆議院も陸軍も、他の機関に拒否権を行使する時は強いけれども、自分で政権を担当する能力はありません。各勢力の潰し合いにうんざりした世論には、強い政治家を期待する声が高まります。

近衛文麿の登場と大蔵省の懸念

西園寺公望元老は最後の期待を近衛文麿にかけ、その近衛は首相を引き受けました。西園寺も、同じ公卿《くぎょう》出身の近衛ならば、皇室と日本を守るために何とかしてくれるかもしれないと、淡い期待を抱いたのです。

ところが、近衛は典型的なポピュリストです。しかも、立憲主義者にも全体主義者にも共産主義者にも受けの良い八方美人です。その近衛がとんでもないことを言い出しました。馬場鍈一を再び蔵相に登用しようとしたのです。廣田内閣で退陣してわずか四ヶ月、馬場が八つ裂きにした大蔵省の人事も、ようやく旧に復したところです。

大蔵省は省をあげて猛反対しました。それが功を奏したのか、馬場は蔵相ではなく、内務大臣に落ち着くことになります。結局、蔵相にはエースの賀屋興宣が就きました。

このように、大蔵省にとって、近衛首相は最初から油断のならない相手でした。馬場を推すということは、大蔵省伝統の健全財政を踏みにじり、増税も含めた手段を選ばぬ軍拡を押し付けてくることに他なりません。ちなみに、外相には馬場が仕えた廣田弘毅が就任します。もはや、めぼしい現状維持勢力は大蔵省のみです。世論の支持を得て強力な勢力となった近衛文麿と陸軍に対し、孤軍奮闘しなければならなくなるのです。そしてとうとう、現状は打破されました。

近衛内閣発足一ヶ月、大蔵省の懸念は的中します。昭和十二（一九三七）年七月七日、盧溝橋事件が勃発しました。この日本陸軍と中華民国軍の衝突事件をきっかけに、日中両国の軍事衝突は拡大し、泥沼の戦いに突入していきます。その結果、日本の財政支出は無尽蔵に拡大していきます。準戦時体制の馬場財政ですらその兆候があったのに、中国全土で戦うとなれば、財政的には戦時体制と同じです。せっかく高橋財政で景気が回復したのに、馬場財政でそれを壊すスキームが生まれ、そして八年に及ぶ戦いで日本は国力を奪われることになるのです。支那事変勃発以後は毎年、「臨時」増税がなされます。しかし、毎年増税しているわけですから、名前は「臨時」でも実質は恒久的増税です。

大蔵省を防戦一方に追いつめた近衛文麿

ここで、「中国大陸での戦いに最も反対したのは誰か」という重要な論点を紹介しましょう。それは、実は陸軍参謀本部なのです。一般的には、「日本が中国を侵略した」という歴史観が通説となっているので、この論点は飲み込みにくいかもしれませんが、嫌がる参謀本部を無理やり戦いに引きずり出したのは、近衛首相と廣田外相なのです。

冷静に考えればわかると思いますが、陸軍は、つい一ヶ月前に惨めな政治的敗北を喫し、組織の立て直しに必死でした。特に、参謀本部はトップの参謀総長が閑院宮《かんいんのみや》で、そういう実務をするはずがない、今井清次長と田代皖一郎《かんいちろう》現地駐屯軍司令官がそろって危篤、参謀本部第一部長の石原莞爾は対ソ警戒を理由に中国大陸での軍事行動には絶対反対です。しかもこの時は、軍事的には飛行機など兵力配備もなく、日本の三十倍もの敵と戦う可能性もあるのです。このような状況で陸軍が戦いを好むはずがありません。

ところが、新聞は「暴支膺懲《ようちょう》」などと扇動します。ここで戦って勝利すれば人気が上がると考えた近衛は、強硬に軍事介入の必要性を訴えました。時の陸相は杉山元《はじめ》ですが、この人物の渾名は「便所のドア」です。これは、「強く押せば最後は従う」という意味です。世論を背景にした首相の強硬論に押され、閣議は主戦論が主流となり、杉山が軍事専門家としての反論を言い出せる雰囲気ではなくなり、最後は賛成派に回ります。そして、他人事のように知らん顔をしていた海軍までが、「陸軍は何をしているのだ」などと煽るようになります。

これで大勢は決しました。世論が激昂し、総理大臣が「何が何でもやる」と決心したことに関しては、誰も止められません。衆議院は喜んで戦いに賛成し、予算増額を認めます。

そもそも、実際に戦闘が始まっているのに、それを引き返すというのは強大な政治力がいるものです。当事者の軍人たちが抵抗できず、世論も首相も「戦え、必要な予算をつけろ」と言い出したら、もう誰も止めようがなくなります。

すなわち、馬場の敷いたレールの上を、近衛が世論という推進力で走り出したのです。支那事変、そして対米英開戦と、戦いが続く限り世論と衆議院は賛成するので、予算をつけること自体に拒否はできません。しかも、その戦いを止めることは誰にもできません。さらに、以上は日本国内の事情であって、外国という相手がある話なのですから、戦いを止めるのはなおさら困難です。

組織防衛に徹した大蔵省

では、こうした時流に大蔵省はどう対応したのでしょうか。

一言でまとめると、この時の大蔵省は組織防衛に徹しました。もはや事変が止まらない以上、首相官邸や陸軍の暴走から省益を守る体制だけは作っておこうと考え、それを実行したのです。

何より、予算権限は変わらず主計局にあるのです。確かに、戦争そのものは拡大し、軍事予算も拡大します。したがって、大蔵省は軍部の前に「財布」の如く予算を認めていったとの印象を持ちがちです。しかし、冷静に考えれば「軍部」などという一枚岩の集団は存在しません。陸軍と海軍は「まるで外国のよう」と言われるほどに反目しています。つまり、陸海軍は相手に予算を取られたくなければ大蔵省の主計局を味方につける、はっきり言えば頭を下げるしかないのです。軍事予算の拡大は大蔵省にとって好ましくない状態でしたが、陸海軍もまた、生殺与奪の権を大蔵省主計局に握られていたのです。これが、大蔵省が何とか発言力を維持できた基盤でした。

それにしても、馬場鍈一と近衛文麿の登場以降、大蔵省は防戦一方に追いやられました。すべての政党は近衛が主唱した「新体制」運動に迎合し、解散してしまいます。世論が軍事行動拡大を熱狂的に支持している以上、彼らに選挙で選ばれる代議士は軍事予算拡大を声高に要求してきます。本来の予算権限を持つ衆議院は巨大な圧力団体と化します。

では、この強力な政治力を持った近衛文麿とは何者なのでしょうか。

米英との対立で得をしたのは誰か

近衛文麿は、昭和十二（一九三七）年六月から同十四年一月まで、そして同十五年七月から翌十六年十月まで政権を担いました。盧溝橋事件に始まる支那事変で強硬な軍事拡大路線を推進したことは既に述べました。

こうして日本は、先の見えない泥沼の事変の中であらゆる国力を消耗していきます。対外政策ではイギリスと交戦中のナチス・ドイツと日独伊三国同盟を結びます。これにより、同じ自由主義国であるはずの英米との対立が決定的となります。一方で、陸軍が仮想敵としていたはずのソ連とは中立条約を結び、共産主義のソ連と対峙すべきだとの意見は近衛内閣によって否定されます。それでは、日本が米英と戦うことによって得をしたのは誰でしょうか。それはもちろん、ソ連です。

当時の日本とソ連は地続きの隣国で、お互いに最大の脅威です。その日本が北のソ連ではなく南の中国に深入りし、さらにアメリカとまで戦争をして国力がどんどん疲弊していく。揚げ句の果てには地球の四分の一にわたる広範囲で戦争を繰り広げて亡国に突進していく……。近衛はソ連のスパイだったのではないか――そう言いたくなります。近衛本人に関しては決定的な証拠がないので断定は差し控えますが、彼の側近に関しては明確です。

昭和十六年十月十四日、近衛側近の朝日新聞記者・尾崎秀実《ほつみ》がスパイ容疑で逮捕されます（ゾルゲ事件）。尾崎は支那事変に関して最も強硬な主戦論を唱え、世論形成に重要な役割を果たしたジャーナリストですが、その尾崎がソ連のスパイだったのです。尾崎逮捕の四日後、近衛は政権を投げ出します。実際の開戦は、近衛の後を継いだ東條英機陸軍大将の内閣でなされるのですが、もうその時には日米対立は決定的でした。

また、近衛側近には多くの「アカ」が存在しました。ゾルゲ事件で事情聴取を受けた西園寺公一《きんかず》と犬養健は、敗戦後はチャイナロビーの大物になります。日本社会党左派の領袖となった風見章は近衛内閣の内閣書記官長や法相を歴任しました。日本共産党国会議員団長となる細川嘉六《かろく》などは、戦時中は尾崎の盟友として事変を扇動しました。その他、当時の社会主義者やリベラル派の政治家・官僚・軍人・学者・言論人を多く抱えていました。彼らのほとんどが事変拡大派です。

昭和史の教科書では決まり文句として「軍部の独走」と書かれるのですが、世論が強硬論である以上、軍人は流れに逆らうことはできません。特に、「軍事行動不拡大」などは口が裂けても言えません。なぜならそれは「軍事予算はいりません」という意味と同等となるからです。陸海軍ともにそれを言ったら相手に予算を取られてしまうため、そのセリフだけは吐けないのです。

かくして昭和十六年十二月八日、東條英機内閣により対米英開戦がなされます。東條としては、近衛の敷いた路線を走る列車の運転席を土壇場で押し付けられたようなものです。歴史の教科書では、近衛こそが平和勢力で、暴走する東條英機や陸軍を止められなかったと書かれていますが、事実は逆です。

近衛内閣の採った政策により、日本は滅亡へと追いやられました。それは、ソ連を喜ばせるだけの結果を招きました。

高橋是清の死後、「大蔵一家のボス」となった賀屋興宣は、「ソ連は笑いが止まらないだろうな」と悔しがっていたといいます（『戦前・戦後八十年』、『評伝・賀屋興宣』）。賀屋は馬場財政が出現した段階でこれを危惧し、近衛内閣以降の暴走で現実となったと切歯扼腕《せっしやくわん》していたのです。なお、馬場が作成した恒久的増税案は、所得税の大衆課税化を軸とする昭和十五年の税制改正で正式に恒久化されます。日本人が汗水働いて生み出した富は、中国大陸に消えていきました。

＊　　＊　　＊

歴史に興味を持つ人ならば、誰もが一度は「なぜ日本は負けるに決まっている戦争の道に突入したのだろう」と思ったことでしょう。

しかし、それは違うのです。「負けるまで戦う」仕掛けをされたのです。

「軍事行動の拡大（歳出の必要）→政治家の扇動と世論の支持→国債増発などあらゆる手段による財源確保・最終的には増税→さらなる軍事行動の拡大（増税によって可能に）」

この仕掛けを止めない限り、日本は滅びる運命にあったのです。

そして賢明な読者なら、現在の日本が、軍事行動の拡大こそありませんが、戦時と同じように歳出拡大と増税の無限ループに落とし込まれようとしていることにお気づきでしょう。

昭和史は関心の高い分野ですから、研究も汗牛《かんぎゅう》充棟《じゅうとう》です。経済史でも、井上準之助と高橋是清の対立は語りつくされてきました。

それに比して、馬場鍈一の名は研究者の間でも無名といってもよいくらいです。しかし、その短い在任期間で馬場がとり返しのつかない致命的な仕掛けを講じたこと、恒久的増税こそが大日本帝国を滅ぼしたことは、本章で見てきました。

日本人は皆、歴史を知らない「仁和寺の法師」だと自覚すべきでしょう。

第３章のポイント

1　高橋是清と大蔵省は、政治的発言力を増す陸軍の前に立ちふさがり、勝利した。

2　馬場鍈一と近衛文麿が策動し、国際情勢はソ連にだけ都合よく展開した。

3　恒久的増税の仕掛けにより、日本は負けるまで戦うハメになった。

第4章

占領と復興

知力を尽くした戦いの歴史

1945-1955

4-1　占領と独立

インフレ・デフレとは?

デフレ不況容認・増税推進派の決まり文句があります。それは、「お札を刷ればインフレになる。だからデフレは仕方がないのだ。だから、国庫の収入を増やすには増税しかないのだ!」というものです。

かつて、バカボンパパがこのような三段論法でよく人を騙していました。バカボンパパとは『天才バカボン』の主人公で、不世出のギャグ漫画家である赤塚不二夫さんが生み出した人気キャラクターです。イタズラで町中に迷惑をかけて、最後に「これでいいのだ」でまとめるのがパターンでした。

ちなみに、こういうバカボンパパ的三段論法を使うのは御用学者やマスコミ、族議員だけです。財務省といえば増税推進の黒幕のように指弾されることが多いのですが、さすがに、彼らの口からこのような粗雑な論理は出てきません。こんなことは恥ずかしくて言えないのです。

しかし現在、少なからずの日本人が「増税やむなし」と思っている以上、しかも、このような論法を出されるとウッと言葉に詰まってしまいかねない人も多いかもしれないので、ここで、まずは小学校の社会科の復習をしておきましょう。

経済の状態には、インフレとデフレがあります。このインフレ・デフレは、生産物（商品）と通貨の量の関係で決まります。生産物が少なくて通貨の量が多いとインフレです。逆に、生産物が多くて通貨の量が少ないとデフレです。経済は一秒も止まらず動いている以上、必ずインフレかデフレのどちらかになります。

では、「経済の適正な状態」とは何でしょうか。それは、緩やかなインフレ（マイルドインフレ）です。つまり、インフレとは良いことで、デフレは悪いことなのです。どこの国の経済学でも、生産物よりも貨幣のほうが少しばかり多い状態が健全だと教えています。なぜなら、希少品であれば価値は高まるからです。よって、貨幣よりも生産物のほうが希少品であれば、汗水流して働いたモノの価値が高まる、すなわち労働が報われるということになります。したがって、（緩やかな）インフレこそが経済の適正な状態なのです。本来のインフレとは、良い言葉なのです。

逆にデフレでは、生産物が過剰で通貨が希少品になります。つまり、デフレが続くということは、汗水流して働いた結晶である生産物よりも、しょせんは紙切れにすぎない通貨の価値のほうが高まるということです。したがって、デフレという状態そのものが悪なのです。たとえ〇・〇一%のデフレであっても、デフレという状態は、それそのものが悪なのです。

もちろん、「緩やかな」と付いている以上、極端なインフレは悪です。これを昔の大蔵省の官僚は「悪性インフレ」と呼びました。この「悪性インフレ」を引き締めることは、経済を適正に戻すためには必要です。歴史上の例で言えば、西南の役で過剰なインフレになった時の「松方デフレ」がそうです。これは「デフレ政策」というよりも、「悪性インフレの引き締め」と呼んだほうが正確です。

もうおわかりでしょうか。「インフレは悪いことだ」との刷り込み自体が詭弁《きべん》だということに。

以下の内容さえ頭に入っていれば、話は簡単です。「デフレ」は、それそのものが悪。「悪性インフレ」も悪。この二つを阻止・是正することは財務省の使命。経済の適正な状態は「緩やかなインフレ」。よって「インフレ」そのものは悪とは限らない。

ところが、いつの間にか「悪性インフレ」という言葉自体が死語になっています。「悪性インフレ」が死語になってマイルドインフレとの区別がつかなくなっているので、「インフレは怖い」などというバカボンパパ的な言説がまかり通ってしまい、経済論議が歪んでしまうのです。

こんな解説は、かつての大蔵省ではイロハのイでした。例えば、池田勇人と福田赳夫がそうです。この二人は、「池田＝大蔵省傍流・積極財政・高度成長」「福田＝大蔵省本流・健全財政・安定成長」と対比されます。個人的にも対立したことから、経済史の通説ではまったく逆な主張をしていたように思われています。しかし、積極財政の池田であっても敗戦後の悪性インフレ時には生産力拡充を最重視しています。『均衡財政』という本を書いているくらいの健全財政論者です。逆に、健全財政を旨とする福田だって、東京オリンピック後の不況対策には赤字国債を発行して乗り切っています。

あまりにも当たり前すぎますが、経済政策は宗教ではありません。その時々の状況に応じて適切な手段を講じる、そのタイミングと程度に差が出るだけです。

では、前章で見てきた増税が消えて何が残ったでしょうか。やはり「日本を滅ぼそうとする勢力」は手を変え品を変えて暗躍していたのです。そして占領期、日本を滅ぼそうとする勢力と戦ったのが、まさに大蔵省だったのです。

大蔵省は、外敵であるアメリカ人、そして彼らに追従する裏切り者の日本人と戦いながら、日本を滅ぼそうとする勢力の正体に気づいていくことになるのです。

大蔵省にとっての敗戦の理解

昭和二十年八月、日本人は敗戦の現実を突きつけられました。あらゆる生産力が破壊され、生産物と貨幣のバランスが著しく崩れた結果、日本は悪性インフレの状態に陥りました。大蔵省にとって、戦時体制が増税を可能な限り阻止する戦いならば、今度の敗戦からの復興は、この悪性インフレとの戦いになります。

大蔵官僚というのは、戦前戦後を通じて「自分たちが日本を守るのだ」という気概にあふれた人たちばかりだったことは誰の回顧録を読んでもわかりますが、特に敗戦直後は、「アメリカを中心とした占領軍との戦い」の矢面に大蔵省は立たされることになります。

そして日本国憲法はしばしば、「アメリカが作った」という言い方がなされますが、ここでの「アメリカ」という言葉には注意が必要です。その理由を探る前に、ここで占領期を振り返ってみましょう。

　敗戦時、日本人は誰もが茫然《ぼうぜん》自失の状態に陥っていました。建国以来初めての敗戦であり、この時期は、まさに「この世の終わり」とでも呼べるような有様でした。ほとんどの日本人は、今後、日本はどうなってしまうのかと不安を抱いていました。

　しかし、大蔵省にとっての敗戦の理解は日本国民のそれと違いました。彼らにとっては、敗戦によって健全財政が破られたことこそが、「この世の終わり」という認識だったのです。「まさか」と思われるかもしれませんが、大蔵省にとって歳入と歳出のバランスがとれる「健全財政」は、戦争に勝つか負けるか以上に大事なのです。ある意味で、国家体制を維持できるのかどうかよりも大事なのです。

『大蔵省史』第三巻を読めば、敗戦から翌昭和二十一年に大蔵省が何を考えていたかがわかります。「この年は例年と違い、七月になっても予算編成方針が定まっていなかった」、臨時軍事費の打ち切りは「財政の健全化を求めたもの」、昭和二十一年になって「収支のつじつまが合わされる結果となった」などと記されています（九～一三頁）。こうした理解は何かピントがずれているような気がするのは私だけでしょうか。

組織防衛としての歴史捏造《ねつぞう》

しかし、結果的にそんな大蔵省が、占領軍を最も手玉に取った日本人となります。大蔵省は外交官としても通用する英語の達人を揃えているため、占領軍にあることないこと、自分たちすらまったく信じていないようなストーリーを吹き込んで組織防衛に成功します。その最たる例が、歴史の捏造です。

青木得三《とくぞう》大蔵省主税局長が書いた『太平洋戦争前史』という本があります。この本は、時の首相・幣原喜重郎の命令で書かれました。幣原は戦前、外務省協調外交のチャンピオンで、陸軍からは「軟弱外交」と批判されて失脚した人物です。しかし、その経歴が占領期には「平和主義者」と評価され、首相として返り咲いていました。その内容は、「侵略戦争を推し進めたのは横暴な陸軍で、外務省ははかない抵抗しかできなかった。また、か弱い大蔵省は時代の趨勢の中で大勢に抗しきれなかった」というものでした。

この、「横暴な軍部vs.か弱い平和主義者の文官」というわかりやすい構図は、日本の事情をよく知らない占領軍には疑いもなく受け容れられ、占領軍はそれを信じました。まさか、予算を獲得するために、陸海軍が大蔵省に揉み手で官官接待をしていたなどとは思いもよりません。また、「世論が暴走し、近衛文麿ら特定の政治家も戦争を煽った」という事実は日本人には不都合です。占領軍としても、「一部の勢力だけが悪いのであって、国民は悪くない」としたほうが、占領政策の遂行に都合が良かったという事情もあります。こうして、今に至る歴史認識が成立しました。

ところが、青木本人は「大東亜聖戦の大義」を信じて疑わなかった人でした。見事な歴史捏造という他ありません。この捏造によって、大蔵省は最低限の公職追放だけで済み、組織防衛としてはほぼ満点の成功を収めます。

「アメリカ」の横暴

こうした手法は卑怯だと思う方もいるかもしれません。しかし、大蔵省には大蔵省の言い分があります。占領軍の「アメリカ」人は横暴で、理屈が通じない人たちでした。

事実、占領軍は当初、日本に直接の軍政を敷こうとしました。つまり、米軍が日本を直接支配する手法です。端的な例を挙げれば、円を使わせず、アメリカ製の軍票を通貨にしようとしたのです。これは、日本の降伏条件を定めたポツダム宣言に違反します。ポツダム宣言の十条〜十三条では、占領軍は日本人の政府を通じて占領を行うことと規定されています。

このため、大蔵省は直接軍政や軍票の使用がポツダム宣言に違反し、かつ経済的にも不合理であることをコンコンと説得しました。占領軍は反論できずにそれらを撤回しましたが、その代わり、大蔵省の建物接収という報復措置に出ます。大蔵省に正論を言われて論破されたので、嫌がらせをしてきたのです。結果、この後の十年間、大蔵省は新宿の四谷小学校の教室を職場として使う羽目になります。これは大蔵省にとって、「これから先、アメリカには何をされるかわからない」という不安を抱かせるには十分な報復でした。

現に、石橋湛山蔵相などは占領軍に媚び諂《へつら》わなかったために公職追放されてしまいました。公職追放とは、その人間を一切の公職につけないようにするということです。「アメリカ」の建前上の目的は、戦前戦中に戦争に協力した人間を抵抗勢力にさせないようにすることです。しかし、石橋が戦前戦中に一貫して時の政府や時流と対決した経歴は誰もが知っているので、戦争推進の立場から石橋と対立した旧軍人まで含めて、日本人全員がこれには唖《あ》然《ぜん》としました。

このため、大蔵省は「アメリカ」とまともにやりあうのを避け、自分で決めた法すら守らない横暴な占領軍をいなすような手法を採るようになったのです。

日本社会主義化政策──占領前期の大蔵省

日本占領は約六年にわたりますが、三年ごとの前後半に区切ることができます。前後半で様相はまるで違います。ここで、日本人が占領軍にどのように振り回されたのか、逆にどのように立ち向かったのか、その様子も見ながら振り返ってみましょう。

占領前期、マッカーサーの下で権力を振るったのは、コートニー・ホイットニー民政局長とチャールズ・ケージス次長です。財閥解体や日本国憲法制定などの政策を推進したのは、この人たちです。彼らは、「ニューディーラー」と呼ばれる社会主義者でした。普通、日本を駄目にした「アメリカ」として批判されるのはこの人たちです。

はっきり言えば、彼らは本国で相手にされないオチコボレでした。そのオチコボレたちが敗戦後の日本にやってきて、本国では絶対にできないような巨大な社会実験をやったのが、前期占領政策です。総司令官のマッカーサーの目的は、日本を二度と戦争ができないような弱い国にすることですから、ケージスたちの「日本を社会主義化しよう」というもくろみは、マッカーサーに「それくらいでちょうどよい」と容認されました。

この頃、組織そのものが潰された陸軍などとは違い、大蔵省は比較的上手く立ち回りました。しかし、日本国内の社会主義者にとっては、ホイットニーやケージスが権力を振るう状況はわが世の春です。彼らは、占領軍の内部組織である民政局の後ろ盾で大蔵省にも襲いかかります。

昭和二十二年には日本社会党が総選挙で勝利し、片山哲内閣が成立しました。この内閣は経済安定本部（安本）を設置します。この組織の仕事は、財政・経済政策全体の立案です。つまり、大蔵省主計局の予算権限を奪おうと目論んだのです。しかも安本長官は和田博雄という、戦前から「あいつはアカだ。ソ連の手先だ」と疑いを持たれ、逮捕された経歴もあるような人物です。また、戦時中に大蔵省を苦しめた近衛文麿の人脈に連なる人物です。さらに、その秘書役の総務長官は勝間田《かつまた》清一で、後に和田とともに日本社会党左派の領袖となるような人物でした。加えて和田のブレーンは、都留重人《つるしげと》という共産主義者を自認するエコノミストです。要するに、大日本帝国を滅ぼした日本人勢力が、追撃とばかりに占領軍の権力を使って日本の中枢である大蔵省を潰そうとしたのです。

社会党中心の連立内閣は十六ヶ月間続くのですが、大蔵省は、民政局を後ろ盾とする彼ら社会主義者たちと対決することになります。こうして、大蔵省は自らの組織を守るために戦ううちに、日本を弱体化しようとする勢力の正体が社会主義者、ひいてはソ連に連なる人たちだと気づくことになります。

結論から言いますと、この戦いで大蔵省は完勝しました。その陣頭指揮を執ったのは、戦前からの大蔵省のエース、福田赳夫主計局長でした。その手法を簡単に言えば、安本に大蔵省の人材を送り込み、大蔵省の意に反する政策をさせないようにするというものでした。ホイットニーやケージスは数字に弱く、彼らは福田以下の大蔵官僚が何をやっているのかわかりません。そうこうするうちに、安本の組織そのものが骨抜きになりました。

また、占領軍内部にもケージスたちを白眼視する勢力がありました。その代表がＥＳＳ（経済科学局）です。渡辺武終戦連絡部長などは毎日ここに通いつめて情報を入手していました。ケージスたちの失敗を狙うＥＳＳにも、大蔵省を通じて邪魔をするという思惑があったのです。占領軍の役人にも功名心がありますから、そこに付けこみ、日本統治を成功させるには大蔵省の協力を得たほうが得策だと思わせたのです。かくして主計局は大蔵省に残りました（『渡辺武日記』）。

すなわち、占領期前半の大蔵省は占領軍の権力と戦い、日本を社会主義化の陰謀から守ったのです。

マックス・ウェーバーは『職業としての政治』で、「優秀な官僚は、政治家をたぶらかす。それは相手が征服者であっても例外ではない。政治家や征服者は、自らの統治を成功させよ

う と思えば、官僚の言いなりにならざるを得ないであろう」と述べています。一九二一年に刊行されたこの古典的名著は、まさにアメリカ占領軍と日本の大蔵官僚の関係を言い当てているかのようです。

ただし、安本が骨抜きにされたとはいっても、ケージスたちは権力だけは握っています。そして、やられたらやり返す、理屈抜きで報復してくるのが彼らのやり口です。

片山内閣は八ヶ月で総辞職し、首班は同じ連立与党の芦田均《ひとし》になります。その芦田内閣の末期に、贈収賄事件である昭和電工汚職事件が発覚します。このとき、ケージスたちはこの事件に福田をひっかけて逮捕してしまうのです。これはあまりにも強引な逮捕でした。事実、福田は後に無罪となりますが、この逮捕によって福田は大蔵事務次官の座に就くことができませんでした。

余談ですが、政治家としての福田赳夫は「大蔵族」の筆頭となります。福田を支えた大蔵官僚の本音は「福田さんは主計局長をやったのに事務次官になれなかった。かわいそうだから総理大臣にでもしてあげなきゃ」というものです。これは大蔵官僚の傲岸《ごうがん》さを示す発言として語られることも多く、「大蔵事務次官は総理大臣より偉いのか」と目くじらを立てる人も多くいます。しかし、大蔵省にとって福田は組織の根幹である予算権限を守った英雄であり、そのために流れ弾に当たった犠牲者であるため、こうした発言も自然と生まれてくるのです。

逆コース——占領後期の大蔵省

占領政策も、昭和二十三（一九四八）年頃から方針が転換されます。米ソ冷戦が本格化し、中国大陸が共産化し、そしてあげくに朝鮮戦争が勃発します。東アジアは共産主義国だらけになります。ここに至って、アメリカは「日本は社会主義化するくらいでちょうどよい」などと言っていられなくなります。いざ戦争になった時に日本で暴動など起こされたら、米軍は立ち往生します。

マッカーサーはケージスたちを切り捨て、情報部のウィロビー准将を重用するようになります。ウィロビーはマッカーサーに「My dear fascist」と呼ばれたような人物です。こうして、占領期前半の日本社会主義化計画は否定されていきます。いわゆる「逆コース」です。芦田内閣の後に長期政権を築く吉田茂は、マッカーサーやウィロビーと組んで復興を進めます。ここでようやくまともな財政・経済政策が軌道に乗ります。

占領期前半は日本弱体化が占領軍の目的でしたが、後半は共産主義国から日本を守るのが目的となります。占領期前半は日本人がギリギリ飢え死にしない程度の援助で、ブタのエサを日本人小学生の給食に「援助」しているような有様だったのが、占領後半は自由主義国として復活できるような経済支援も本格化します。吉田は、経済学者のシャウプや銀行家のドッジら自由主義経済人をパートナーに、復興を進めていきます。この人たちは、占領軍の社会主義者とはまったく違う人脈の人たちです。

占領政策の転機となる昭和二十四年から日本が独立を回復するまでの三年間、吉田茂首相が蔵相に据えたのが池田勇人です。吉田は「大臣メーカー」「吉田さんのせいで〝大臣病〟の政治家が増えた」と言われるほど次から次へと大臣の人事をいじるのが好きだった人なのですが、最も重要な時期の大蔵大臣だけは動かしません。他に不動なのは、自分で兼任した外相だけです。

この時期に、戦後日本経済のフレームワークが決定されました。シャウプ税制による直間比率の決定、ドッジ・ラインによる極端な均衡財政の推進などは教科書で習ったことがあると思います。これらは健全財政を旨とする大蔵省にとって福音のようなものでした。

池田の蔵相在任時、大蔵省で中枢となったのは、主計局長の河野一之《かずゆき》と官房長に在任した森永貞一郎《ていいちろう》です。二人とも四年間連続で在任し、後に次官となっています。このように、池田は人脈的にも大蔵省に根を下ろしました。

もう一つ、池田が何を考えていたかをご紹介しましょう。それは、「経済による国民統合」です。経済政策に失敗すれば、日本人がバラバラになってしまう。池田はそういう危機感を抱いたのです。占領前半の日本を仕切ったケージスなどは本当に日本を永久に経済三等国にしようとしていたのですから、慧眼《けいがん》と言えるでしょう。

池田は「私が蔵相を務めたのは占領最後の三年だけだったが、それでも苦労した。それ以前の人たちは、もっと大変だったろう」と回顧しています。占領前半のケージスよりはマシですが、池田の交渉相手となったドッジにしても、実現不可能としか思えない数値目標をおしつけてくるだけです。池田以下、大蔵省は歯を食いしばって日本に自由主義経済を取り戻したのです。

『小説吉田学校』の世界観

池田勇人は日本の独立回復にも一役買いました。その活躍は、ある作品のせいで知られていません。

『小説吉田学校』という作品をご存知でしょうか。映画化もされたので、ご存知の方も多いと思います。

その映画の中に、池田蔵相が吉田茂首相の密命を帯びて渡米するも、誰を相手に講和の話を持ち出せばよいかわからず、途方にくれるシーンがあります。昼はドッジにニューヨーク中の銀行視察の日程を入れられて身動きがとれず、夜は安ホテルの一室に閉じ込められ、秘書官の宮沢喜一にヤケ酒を煽りながらボヤくというシーンがあります。

「陸軍省に持っていけば国務省がへそを曲げ、国務省に話をすれば陸軍省が反対する。特にけしからんのはドッジだ。あいつは陸軍省と国務省の両方の肩書きを持っていながら、何もしようとしない。……（ハタと）……そうだ。ドッジだ。ドッジに話せば、国務省と陸軍省のどっちにも話したことになる！」と、宮沢に接吻しながらハシャギまわるというシーンです。

この場面、私が池田ならあの世から名誉毀損《きそん》訴訟を起こしたくなります。また、外交官の長老である吉田が「ワシにはわからんから、自分で交渉相手を見つけてこい」などと語っていますが、これもおかしな話です。ちなみに、吉田の娘の和子さん（つまり麻生太郎元首相の実母）は、この映画の真偽を聞かれて一笑に付したそうです。

諸史料から事実を再現すると、この時の池田訪米は、日本政府が占領軍の目の届かないところで自由にアメリカ本国政府と直接交渉できる最初の機会でした。したがって、ドッジと事前に打ち合わせをして、「アメリカ本国の財政・経済状況の視察」という名目にし、それらしく池田は視察日程をこなしていたのです。その裏で、吉田側近の財界人である白洲次郎が旧友のロックフェラーその他のアメリカ政財界の要人と交渉し、日本の独立回復の下交渉をしたというのが史実です。

なお、この白洲次郎は「日本人は戦争に負けただけで、奴隷になったのではない」が信念で、占領軍の「アメリカ」人に対してケンブリッジ仕込みの英語で張り合いました。ホイットニーに「君は英語がうまいね」とお世辞を言われた時には、「あなたも努力すれば上達しますよ」と切り返したほど英語が達者で、白洲は吉田に池田の蔵相登用も進言しています。

独立と「保守合同」

昭和二十六年九月にサンフランシスコ講和条約を結び、翌年四月二十八日に日本は独立を回復します。こうして、占領軍は日本からいなくなりました。

ただ、ここで新たな問題が発生します。占領期に公職追放された政治家たちが復帰してきたのです。その代表が鳩山一郎です。彼らから見れば、吉田茂とその徒党は、自分たちが政治の表舞台に立てない間にオイシイ思いをした成り上がりです。この吉田と鳩山の対立を軸に、その後、日本では保守二大政党が激しく争い、政治が不安定になります。また、占領期に育った日本社会党も、それなりの実力をつけています。そして三つ巴の争いの中、吉田は鳩山に政権を奪われます。

ここで、占領期開始以来の、この二大政党の対立をおさらいしましょう。

日本国憲法最初の内閣の与党は、吉田茂の自由党です。ところが総選挙の結果、自由党は多数を失い、野党連合に政権を渡します。社会党の片山哲、民主党の芦田均と、政権は野党連合でたらいまわしにされます。その後、吉田自由党は政権に復帰しました。

つまり、占領当初は、「吉田自由党vs.社会党」の対立が軸でした。

しかし、鳩山一郎は日本民主党を結成し、吉田を引き摺り下ろすために社会党と手を組みました。こうされると、自由党も社会党に擦り寄らざるをえません。つまり、保守二大政党の対立が、社会党のキャスティングボートによって決着がつくような状況になってしまうのです。現に、昭和二十九年のポスト吉田を決める首班指名選挙では、社会党は鳩山一郎を推し、直後の衆議院議長選挙では自由党と組むなど、政治は社会党によって振り回されるようになります。

　そこで昭和三十（一九五五）年に自由党と日本民主党は一つの党になり、自由民主党を結成します。いわゆる「保守合同」です。以後四十年間、自民党総裁が総理大臣に就くという時代になります。

4-2　米ソ冷戦の舞台

日本が国名ではなく、単なる地名になった日

ここで、国際政治をふりかえってみましょう。

昭和六年の世界地図を見ると、大日本帝国は滅びるはずのない強い国です。現に満洲事変では、米ソ両大国は日本が怖くて手も足も出せませんでした。ソ連は、日米の挟撃で滅ぼされることを恐れていたほどです。

昭和十二年、日本は中華民国との戦いに突入しました。さらに昭和十六年には米英にも宣戦布告し、地球の四分の一を戦場に戦います。

そして、昭和二十年。アジア太平洋で無敵だった大日本帝国は地図から消えてしまいました。この時、日本は自分の意志で生きる国家ではなくなります。他国のご機嫌をうかがわなければ生きていけなくなったのです。「日本」は、もはや地名にすぎなくなりました。

その代わりに、アメリカとソ連が二大超大国となります。ただし、アメリカはこの時、昨日までの同盟国だったソ連に疑いの目を向けるようなことはしませんでした。一方、ソ連は、虎視眈々《こしたんたん》とアメリカを出し抜く隙を窺っています。アメリカがこれに気づくのは昭和二十三年頃です。この頃、アメリカはソ連を敵だと明確に認識するようになります。ケージスたちが日本から追われたのもこの頃です。

その後、中国はソ連のものとなってしまいます。そして毛沢東が率いる中国共産党は、中華人民共和国を建国します。他方、アメリカの盟友だった中華民国は台湾に叩き出されました。

このように、昭和二十五年にはソ連の「野望」は成就していました。この年、一方のアメリカは、ソ連の弟分である中国共産党と朝鮮半島で戦う羽目になりました。朝鮮戦争です。アメリカはこの戦争で国連軍を組織して——すなわち世界の半分を味方につけて——やっとの思いで引き分けに持ち込みました。アメリカは、ソ連・中国という二大強国と独力で対峙しなければならなくなったのです。

これが本章の国際的背景です。アメリカは、ソ連に対する警戒心が弱かった占領前半期から一転、朝鮮戦争で共産主義者の怖さを思い知るようになった占領後半期には吉田茂保守政権を支援し、ソ連の回し者のような社会党の勢力を弱めようとしたのです。大蔵省はこの流れの中で、占領前半期は何とか耐えしのぎ、後半期は米国の世界戦略転換の中で生き残ったのです。

大蔵省にとって安泰の「自民党一党優位体制」

次章以降も日本は、米ソ冷戦の舞台となります。

昭和三十年に成立した二大政党、自由民主党が国会の過半数を握って政権を担当し、日本社会党は三分の一の議席を確保して憲法改正を阻止する。これは「五五年体制」と呼ばれます。自民党がアメリカの、社会党がソ連の走狗となって、代理戦争を演じる構図です。

これは、保守二大政党が分裂し、社会党と手を組んだほうが勝つ――それでは困るという認識から生まれた体制でした。この体制は色々な腐敗も生むのですが、敗戦で打ちひしがれた日本を立て直す原動力にもなります。

特に大蔵省とすれば、自民党とさえ話をしておけば予算は通る、という状況になります。明治以来何度も繰り返された、何ヶ月も寝ないで作った予算を衆議院に一夜でひっくり返されるなどということはなくなります。占領期にも、与党内の派閥抗争で予算が否決されるという悪夢のような出来事があったため、自民党一党優位体制は安心なのです。この結果、予算を議決する衆議院第一党が政府の予算を必ず通すので、実際に予算を作成する大蔵省主計局の力は盤石となります。戦中・占領期の逆風を乗り切った大蔵省にとって、怖いものはなくなります。

おそらく、アメリカの政治家は昔も今も「大蔵省主計局の係長が、下手な国会議員よりも権力を握っている」などとは想像もできないでしょう。アメリカの連邦議会はパワフルであり、アメリカ財務省は日本の財政当局とは比較にならないほど権限がないですから。

今の日本国憲法の下で、なぜ財務省主計局が国会議員を凌《しの》ぐ権力を保持しているのか――歴史的由来を尋ねれば、日本を滅ぼそうとする社会主義者に政治を左右されない仕組みを必要としたからに他なりません。大蔵省にとっての占領期とは、外敵であるアメリカ人と裏切り者の日本人、双方の社会主義者と戦い、日本を自由主義国として繁栄に導くための知力を尽くした戦いの歴史なのです。

＊　　＊　　＊

さて、本章では様々な人物が登場しました。彼らは思想信条も立場も経歴も違います。しかしながら、本章は、日本人が一つになっていく時代の話でした。池田の言葉によれば「経済による国民統合」です。

昭和二十年八月十五日は歴史の終わりではありません。日本を滅ぼそうとする勢力にとっては、占領こそが日本弱体化の本番だったのです。一部の裏切り者を除けば、当時の日本人は敗戦という未曾有《みぞう》の危機に際して、日本を滅ぼそうとする勢力に対して立ち向かいました。そして、復興を経て、繁栄が訪れるようになります。『天才バカボン』の時代です。

赤塚不二夫さんは常々言っていました。「バカボンパパはハチャメチャをやっているようでいつも家族や周りの幸せを考えている。何が起きても受け容れる。それが〝これでいいのだ〟なのだ」と。

次章は、日本人全体が「これでいいのだ」と言えた時代の話になります。主人公は引き続き、池田勇人です。

第４章のポイント

1 占領前半期、大蔵省は社会主義者の巣窟《そうくつ》だったＧＨＱを手玉に取った。

2 「健全財政」の目的は、「経済による国民統合」により日本を立ち直らせることだった。

3 戦後日本の権力とは、アメリカ・自民党・大蔵省主計局。

第 5 章

復興から高度経済成長へ

池田勇人のグランドデザイン

1955-1965

5-1　真の政治家、池田勇人の登場

池田勇人の直感

「朝、仙人が来てそう言うんだ」

この言葉は、池田勇人が重要な決断をする際の口グセでした。池田は大事な政治決断は決して他人任せにせず、側近から何を言われても聞き入れませんでした。

もちろん、側近たちの損得勘定は合理的です。しかし、池田の直感は常に的中しました。池田の直感には裏づけがあったのです。そして、周りに説明しても無駄だと割り切っていたのです。どんなに議論を積み重ねても、未来のことは誰にもわからないのですから。国家の最高責任者は、自分の責任で運命を切り開かねばならないのです。

何でも部下に丸投げする、あるいはできもしないのに官僚から仕事を取り上げて抱え込む、そんな政治家ばかりになって久しい今、あるべき国家指導者像として、池田勇人を取り上げ

るのは意義のあることと思われます。

池田首相秘書官だった伊藤昌哉は回顧しています。池田の功績は、高度経済成長を実現したこと、安保闘争後、すさんだ世相の中で話し合いによる議会制民主主義の原則を確立したこと、戦後初めて日本を国際舞台の上に引き上げたこと、と。さらに伊藤は、「池田総理、あなたは日本の国民に自信をあたえ、すすむべき方向を示されました。これがあなたの最大の仕事であったと思います」と述べています（伊藤昌哉『池田勇人　その生と死』）。

本章で扱う時代は高度経済成長期と呼ばれ、敗戦後日本の黄金時代とされます。映画『ALWAYS 三丁目の夕日』などで、「あの頃の日本は、日本人は良かった」と、今、ようやく評価されるようになった時代です。この高度成長を実現した時の総理大臣こそ、池田勇人です。敗戦でうちひしがれていた日本人が自信を取り戻していく、その成功物語の主人公です。

前章で、池田は占領後半の三年間に大蔵大臣を務め、日本を復興へ導く働きをしたと述べました。

独立を回復した後、池田は大蔵大臣から通産大臣へ横滑りします。しかし、ここで失言を連発します。「不法投機で儲けた中小企業の社長が五人や十人、首吊り自殺をしても国家の責任ではない」「貧乏人は麦を食え」などの発言は当時の新聞に叩かれ、最後は国会で大臣不信任案が可決される次第でした。

それでも、「悪いことをした人をかばう必要はない」とはっきり言った点は評価され、国民も、「国中が貧乏な時に白米を食わせろなど贅沢は言えない」と、池田に同情的でした。ちなみに池田自身も麦飯が常食だったそうです。池田としては、「今は麦飯で我慢してほしいが、頑張って働けばみんなで白米を食べられる社会になる」と言いたかったそうですが、二日酔いで答弁席に立って説明を省いてしまった、と後年に言い訳をしています。

池田はかなり個性の強い政治家で、レモンの自由化に反対の陳情に来た地元の農民に、「俺は広島の政治家じゃない。日本の政治家だ」と言い放って追い返したという逸話も残っています。それでいて、財界を中心に支持者が多く、政治資金にはまったく困らなかったという人でした。

さて、このように舌足らずながらも無邪気さに富み、吸い寄せるように人材を集めた池田が政治生命を賭けて実現したのが高度経済成長です。池田は下手ではありましたが、演説が好きでした。それは、民主政治家はわかりやすい言葉で大衆に政策を訴えなければならないという信念からです。

演説では「まじめに働けば、みなさんの給料は十年で二倍になります」とわかりやすくまとめました。元祖「ワンフレーズポリティクス」です。これは、「月給二倍論」とも呼ばれました。そして国民は、この言葉に夢を持ちました。

当然ながら、池田には緻密な裏づけがあります。その中心となったブレーンが下村治です。下村は東大経済学部から大蔵省入りし、主に経済分析の仕事をしていました。大蔵省では傍流だった下村を池田が見出し、日夜議論を積み重ねる中で政策としてまとめ、実現させていったのです。下村の作る予測データはほとんど的中していました。唯一の大きなハズレは、国民所得が二倍になるのに十年もかからず、七年で実現したことだけです。

働けば報われる、国民が希望を持っていた時代でした。

あえて火中の栗を拾う

さて、時計の針を戻しましょう。

昭和三十（一九五五）年、自由民主党が結成されます。自民党の総裁が必ず総理大臣になる時代の到来です。初代総裁に鳩山一郎が就きます。しかし翌年には総辞職し、後継を選ぶ総裁選挙では池田の支持した石橋湛山が勝利します。ところが、石橋は病気のためにわずか二ヶ月で退陣しました。次の総理総裁は総裁選挙に僅差《きんさ》で敗れた岸信介です。

岸は、池田が占領期に台頭した政治家の筆頭であるのに対し、戦前派官僚のチャンピオンともいうべき存在です。池田と岸は総裁選で激しく争った因縁もあり、岸政権の下で池田は反主流派の冷や飯を喰わされます。昭和三十三年には、よりによって大晦日に大臣の辞表を叩きつけたりしています。

ところが、大臣の辞表を叩きつけてからわずか半年後には、池田は岸内閣に通産大臣として入閣しています。池田の側近たちは「たった半年で変節したら世間から何と言われるか」と、正論で猛反対しました。しかし、池田は無視します。

池田には本音の理由が二つありました。その一つは、経済界・産業界を広く見ることができる通産大臣の立場で、高度経済成長政策の下準備をしたかったことです。もう一つは、岸内閣が進めていた日米安保条約へ協力することです。

前章で述べたように、吉田茂は重要な外交問題で池田を重用しました。池田はそうした中で、防衛政策の専門家にもなっていたため、岸のやろうとしていることが痛いほどわかっていました。吉田茂がサンフランシスコ講和条約と同時に結んだ日米安保条約は、要するに「アメリカが日本を守る」という内容です。これは例えば、日本国内で暴動が起きれば米軍が介入して鎮圧できるということです。とても独立国とはいえない条約でした。岸はそれを改め、可能な限り対等な内容にしようとしたのです。

この時代は、米ソ冷戦まっただなかです。マスコミや学界には親ソ勢力が強かったため、安保条約批准は命懸けの作業でした。実際、その頃は安保反対を掲げる学生運動が盛んで、国会議事堂を数万人の学生が包囲するという、あたかも革命前夜のような状況でした。

こうした一連の騒動を鎮静化させるために、岸は条約批准後に総辞職を選びました。

ここで池田は次期総裁選への出馬を宣言します。岸と、その実弟の佐藤栄作の派閥が池田支持を表明しましたが、自民党内には岸への反発勢力も強く、池田総裁への前途は多難でした。池田の側近は、「こういう危ない情勢の時ではなくて、次を待ったほうがよいのではないか」と進言します。事実、この直後に岸信介暗殺未遂事件なども起きているので、側近の心配は親身です。

しかし、池田の返答は「朝、仙人が来て出馬しろと言うんだ」です。

池田はあえて火中の栗を拾いにいきました。そして勝ちました。さらに、驚くべき行動に出ます。衆議院を解散し、国民に高度経済成長政策の是非を問おうとしたのです。

またしても側近は止めます。「こんな時期に総選挙なんかしたら負けるに決まっています」と。しかし、池田は国民に信を問うのだと言って聞きません。

時代は騒然としていました。党首立会演説会で、浅沼稲次郎社会党委員長が刺殺されるという事件まで発生します。ちなみにこの時に池田は「なぜ、俺じゃなくて浅沼なのか」と呟いたそうです。一国の宰相となる以上、暗殺は覚悟の上でした。

昭和三十五年秋の総選挙で、池田自民党は四六七議席中、追加公認をあわせて三〇〇議席を得るという圧勝でした。この時の議席率六四%は自民党史上最高です。これが、池田が高度経済成長政策を推進する安定的な基盤となりました。総理が自分のやりたいことを訴えて選挙を戦い、国民の圧倒的な信任を得たのです。まさに「憲政の常道」の実現でした。戦前戦後を通じて日本に理想的な民主制があったとしたら、まさにこの時でしょう。

安全保障としての高度経済成長政策

池田は安保闘争で騒然となった世情を沈静化させるために、人心を政治から経済に向けさせた、そして安全保障などの問題は忘れ去られた、というのが歴史学の通説です。

ここで、通説の誤りを正しておきましょう。池田や前任の岸にとって、高度経済成長こそが、安全保障の問題に他なりませんでした。この二つは二者択一の問題ではなく、むしろ延長線上の問題なのです。

繰り返し強調しますが、昭和時代を通じて日本の最大の脅威はソ連です。三十年代に入ってもソ連は、日本をあの手この手で侵略しようと企んでいました。彼らにとっては、第二次大戦で日本がアメリカの縄張りになったので、それを横取りしようと狙っていたのです。侵略の方法は、軍事力による直接侵略とは限りません。米ソ両大国が核兵器を持って睨み合っているのですから、こうしたリスクが大きい方法は避けられます。

そこで採られるのが間接侵略です。間接侵略は、直接の軍事力以外の方法で、その国の人心を従わせることです。具体的には、日本を経済的に疲弊させ、日本国民の日本政府への不信感を増幅させ、日本よりもソ連に忠誠を誓わせる。あわよくば日本人の手で日本政府を打倒させ、その後でゆっくりと日本を支配下にいれようとする侵略のことです。

間接侵略とは聞きなれない言葉かもしれませんが、ソ連はこれを得意にしていました。実際、東欧諸国などはこの手法によって征服されました。スパイ小説じみた話ですが、決して絵空事ではありません。

話を元に戻しましょう。高度経済成長がなぜ安全保障の話につながるのかというと、つまり、高度経済成長が実現していれば、この間接侵略をさせる余地がなくなるからです。具体的にいえば、国民全体がまじめに働いて豊かな暮らしができる社会になれば、政府を暴力で倒そうなどと考えるはずがありません。

これを明確に考えていたキーパーソンが、賀屋興宣です。そう、賀屋は高橋是清の弟子とでもいうべき存在で、近衛文麿の暴走と戦った戦前の大物大蔵大臣です。賀屋は占領軍の行った東京裁判で「A級戦犯」にされていましたが、独立回復後は国会議員として政界に復帰していました。その賀屋を重用したのが岸と池田です。

岸が商工大臣（今の経済産業大臣）を務めた東條英機内閣では、賀屋は岸の先輩格の蔵相でした。その岸は賀屋に経済政策のアドバイザーを求めましたが、逆に賀屋のほうが安保に携わらせてほしいと自民党外交調査会長に就任し、安保条約批准で揉める党内を取りまとめることになります。

その賀屋が安保批准の後に取り組んだのが、高度経済成長です。右に記したような、ソ連の間接侵略への対抗としての高度経済成長という考えは、賀屋の信念であり、岸や池田はもちろん理解していました。そして池田も政権獲得後、単なる無派閥議員にすぎない賀屋を自民党政調会長や法務大臣として厚遇します。

実は、賀屋は池田の大恩人でした。京大法学部出身の池田にとって、二十年に及ぶ役人生活は最後の五年を除いて常に傍流でした。しかも、その二十年の間には、全身に水疱《すいほう》ができる奇病にかかったことがあり、療養のために四年もの休職を余儀なくされます。それでも挫《くじ》けずに猛勉強して税の専門家として注目を集め、賀屋蔵相・谷口恒二《つねじ》次官時代、主税局国税課長として本省に呼び戻されたという経緯があります。その後、池田は敗戦の混乱期に主税局長から次官へと登りつめるのですが、こうした〝大蔵省本流のライン〟の人たちに見る目がなければ、一生、地方のドサまわりで終わっているはずでした。

ただし、恩人に対する厚遇としては、与党の政策を一手に担う政調会長への賀屋の抜擢《ばってき》は、度が過ぎます。これでは、ポストを求める他の派閥政治家の恨みを買うということになります。さらに、賀屋の世間的イメージは最悪です。「元」が付くとはいえ、「Ａ級戦犯」であり、戦後も自民党タカ派の首領のような地位にありました。

もちろん、この時も側近たちは賀屋の登用を止めようと進言しますが、池田は聞く耳を持ちません。それはもちろん、政策においても、人間関係においても賀屋を必要としたからに他なりません。傍流の池田が大蔵省本流の人たちにサボタージュされないよう、戦前以来の大蔵省の超大物である賀屋の威光を必要としたのです。

的中した池田の意図

池田の意図は当たります。池田の蔵相時代に官房長として支えた森永貞一郎は、昭和三十四年の事務次官退任後は「大蔵一家のドン」として長く影響力を行使します。また、池田首相時代に、主計局長～事務次官として支えたのが、森永の腹心である石野信一です。二人は「森・石ライン」と呼ばれ、歴代次官中の「ドン」の位置にあったのですが、石野は池田の政策ブレーンの役割を忠実に果たしました。このため、池田時代の大蔵省は「積極財政の大蔵省」と評されるほどでした。それとは逆に、消極財政に舵を切ろうとしていたのは日銀でした。

この時代の日銀は、金利引き上げを何度も求め、日銀法改正による中央銀行の独立を要求しましたが、池田はどちらも断固拒否しました。池田のブレーンの一人である下村治などは「中央銀行は政府と一体であるべきである」と徹底反論し、日銀の主張を押さえ込みました。その結果、日本の景気は萎縮することなく、高度経済成長は順調に実現します。なお、池田時代の日本銀行総裁は山際正道・元大蔵次官です。山際は大蔵省で池田の同期で、池田より二代二年早く事務次官になって天下っていました。そして最終的には、池田内閣と山際日銀は歩調を合わせます。

一方、経済界も池田に協力的で、小林中《あたる》・日本開発銀行総裁を筆頭とする財界四天王（他に、水野成夫《しげお》経済同友会幹事・産経新聞およびフジテレビ社長、永野重雄日本商工会議所会長・富士製鐵社長、櫻田武日経連会長・日清紡績社長）が池田を支えました。

このように、このときの日本は、政府与党・大蔵省・日銀・財界が一体となって国を動かしていました。

また、大蔵省と、ことあるごとに路線対立するとされる通産省も大蔵省に協調的でした。なぜなら、日本は順調に経済成長しているので、通産省による内需拡大路線と大蔵省健全財政路線は対立概念でも何でもなかったからです。金融が緩和されている状態（経済の成長率より金利のほうが割安である状態）で国民が一丸となって働き、生産力が上がれば、経済成長によって税収も増えるので、健全財政は自然と達成できます。よって、赤字国債も増税も不要になるのです。常に通産省主流を歩み、最終的に次官となる今井善衛《ぜんえい》などは、池田によく協力しました。

池田のグランドデザインは、こうして見事に実現しました。有能な人材の英知を結集し、責任者が勇気を持って決断すれば、理想は実現できるという実例です。

平成のエコノミストは「もはや経済成長はできない」などと、あきらめ気分の物言いをしますが、成長は天から降って湧いてくるものではないのです。人間の努力で生み出すものなのです。

5-2　破綻の足音

日本の運命は日本だけでは決められない

池田時代は自由民主党政権の黄金期でもあります。しかし、絶頂期にこそ、衰退の兆しもまた生まれるものです。それはいうまでもなく、派閥闘争です。

池田のように卓越した指導者がいた場合は、派閥政治による弊害は少なかったのですが、それでも金権政治は悪化しました。自民党総裁選挙は公職選挙法が適用されないため、総裁選挙では買収その他、何でもありの状態となります。「相手がやるなら、やらねば負けてしまう」というわけで、どんどんエスカレートします。池田が佐藤栄作に勝利した自民党総裁選挙では、二派からカネを受け取るのを「ニッカ」、三派からカネを受け取るのを「サントリー」、全部の派閥からカネを受け取って知らん顔をするのを「オールドパー」などと隠語で表現していました。人間社会だから派閥ができるのは当然、政治家に清潔さを求めても仕方がない――一般論としてはそうかもしれません。

しかし、冷戦後の史料公開によって、事情通には薄々知られていた事実が、白日の下にさらされました。自民党はアメリカのＣＩＡから、社会党はソ連のＫＧＢから資金供与を受けていたのです。アメリカの公文書は四十年経てば公開するルールですから、佐藤政権までの歴代自民党出身総理にＣＩＡが資金供与していた記録が明らかにされました。

つまり、自社五五年体制とは、米ソ代理戦争に他ならなかったのです。社会党はソ連のスパイ、対する自民党はアメリカの番犬だったということです（アメリカの自民党への資金援助に関しては、冷戦終結後に情報公開が進められています。プロパガンダ研究の第一人者である山本武利早稲田大学教授は、断片的ですが次々と新事実を発表しています。纏まった本としては、有馬哲夫『ＣＩＡと戦後日本――保守合同・北方領土・再軍備』を参照）。

この、「日本の運命は日本だけでは決められない」という構図は、次章以降で、しかも最終章の現代に至るまで重要なテーマになるため、ここで意識しておいてください。

自民党派閥政治と大蔵省

さて、政権を独占する与党の派閥の存在は大蔵省にも影響します。いくら日本の政治が官僚に支配されているとはいえ、最終的決定権限を握っているのは政治家です。

例えば、高級官僚の人事にしても、自民党の大物政治家の意向を無視するわけにはいきません。それは大蔵省であっても例外ではありません。そのため、大蔵省は政治家との関係に気を使います。つまり、自民党と大蔵省は相互に影響を受けながら、関係を維持していくことになるのです。

この頃、自民党は五大派閥に収斂《しゅうれん》されていきます。それは、池田勇人派、佐藤栄作派、岸信介派、河野一郎派、三木武夫派です。この中で自民党保守本流と呼ばれるのが、池田・佐藤・岸の三派と、その後継派閥です。この三派は高度成長期の昭和三十二年から四十七年に政権を独占しました。大蔵大臣は、財政家として知られた水田三喜男ただ一人を除いて、すべてこの三派から登用されています。

池田の側近たちは、大蔵省では主流ではなかった人たちです。池田自身が京大、高度経済成長のブレーンだった下村も、東大出身であるとはいえ、法学部ではなく経済学部出身です。また、池田が最も信頼した側近政治家は前尾繁三郎ですが、彼も池田次官時代の引きで主税局長に登用された傍流組です。後に首相になった大平正芳も東京商大（現・一橋大学）出身です。同じく宮沢喜一も東大法学部出身のエリートながら、主計局には一度も呼ばれませんでした。

つまり池田の周りには、古巣の大蔵省に対してここぞとばかりに意趣返しをしかねない人材が結集していたのです。それを押さえ込み、森永貞一郎や石野信一ら現役の大蔵省主流とのバランスの上で政権運営をしていたのが実情でした。

現役の大蔵省幹部は時の総理に、しかも選挙で勝ってパワーのある政治家に反抗することはありえませんが、本音には一物あります。それを爆発させたのが、昭和電工事件の裁判で無罪になった後、代議士に当選した福田赳夫元主計局長でした。

福田は戦前から大蔵省の出世街道を歩んだ、エリート中のエリートです。しかも事務次官を目前に占領軍の陰謀で、あまつさえ逮捕の憂き目を見ました。その間に蔵相に長期留任し、大蔵省に地歩を築いたのが池田です。福田としては面白いはずはなく、「池田のいる政党に行くくらいなら、無所属で選挙に出馬する」とライバル心をむき出しにしていました。実際、大蔵省の後輩たちの支援が期待できる福田にとって、政党のバックなしに当選するのは難しい話ではありませんでした。

その福田に目をつけて、自派の大幹部に抜擢したのが岸信介です。当選四回の政治家としては若手にすぎない福田を、幹事長や農林大臣としてあからさまに重用したのです。これには、岸派長老の川島正次郎、商工省以来の岸の盟友である椎名悦三郎、岸の大スポンサーだった藤山愛一郎らが反発し、岸内閣退陣直後に派閥は空中分解してしまいます。それでも岸は意に介せず、川島・椎名派や藤山派ではなく、福田派に身を寄せるのです。

では、岸にここまでさせる原因は何でしょうか。ここで第2章を思い出してほしいのですが、岸は昭和六年の反減俸運動を最後に大蔵省と一度も喧嘩をしていません。それどころか、昭和十年代には、常に大蔵官僚出身の星野直樹の下で忠勤を尽くしているのです。星野が満洲国総務長官（総理大臣に相当）の時は次長（官房長官に相当）、東條英機内閣で星野内閣書記官長（官房長官）の時は商工大臣といった具合です。この辺りの話は、それだけで別の一冊の本になるほどなのですが、とにかく岸は官界・政界で階段を上っていくごとに、大蔵省との関係に腐心しているのです。

これは、大蔵省に池田派が根を下ろしていく過程で大蔵省傍流組が力をつけていく一方で、福田に連なる、岸がその関係に腐心する大蔵省本流組もまた健在で、その本流組がいつまた表舞台に登場するのかわからないということを示しています。

田中角栄の台頭と池田勇人の退場

大蔵省は政治との関係を重視する役所です。彼らは時の政権が自分たちの意に沿うような人物たちで占められていれば従順に振る舞いますが、そうでない場合には、時として反旗を翻します。したがって、総理大臣にとっては、大蔵省にいつ裏切られるかわからない緊張感と常に向き合わなければなりません。

そこで池田は、大蔵省に楔《くさび》を打ち込むようなことをします。就任二年目に、佐藤派の代貸しである田中角栄を蔵相に抜擢したのです。

大蔵大臣の条件は、「ある程度の年輩であること、与党実力者であること、財政通であること、政党や各省の要求を断れること」とされていました。しかし田中は、そのすべての条件を満たしていないと思われていました。しかも「小学校出」を売りにするような庶民派大臣です（本当は中央工学校卒なので、「専門学校出」が正確です）。東大法学部の、しかも成績優秀な人材だけが揃う大蔵省の大臣が務まるのか、周囲の誰もが心配しました。

ところが三年半の在任中に、田中はアメとムチを使って大蔵省に自己の系列の人脈を扶植しました。

田中は就任挨拶で「私は小学校出、皆さんは天下の秀才だ。責任は私がとるから、安心してバリバリ仕事をしてほしい」と挨拶して人心をつかんだ、末端の職員に至るまで氏名・肩書・入省年次・家族構成・誕生日までを頭に入れて気さくに話しかけた、盆暮れには付け届けを忘れなかった、宴会の時は他の大臣の十倍の金額を出した、などといった逸話がありす。それらはすべて「アメ」です。

では「ムチ」とは何だったのでしょうか。それは、大蔵省の隠し財源を見抜いたことです。毎年の予算折衝の際、大蔵省は最後の段階で譲歩して「そこまで言うのなら、ギリギリこれを出しましょう」と相手の要求する予算額に近づけた額を提示し、相手の顔を立てるのが常です。ただし、これは最初から大蔵省の想定の範囲内なのです。もはや国家予算のどこをついても財源がないように見せかけて、実は最終段階での譲歩用に「隠し財源」を用意しておくのです。そうすれば、査定する相手官庁や政治家に恩を売れます。今でいう「埋蔵金」です。

大蔵省には、別名「電話帳」と呼ばれるほどの分厚い予算書があります。この分厚い予算書には、本当の電話帳のように細かい数字が細字でびっしりと刻まれています。それを読みこなせるのは、毎日、この「電話帳」と睨めっこをしている職人のような大蔵官僚だけです。田中角栄はそれを見抜きました。角栄は、その最強の武器を見抜いた、最初の大臣だと言われています。

こうして、大蔵省にも睨みを利かせられるようになった田中は、福田系・池田系に次ぐ、独自の人脈――反・田中系大蔵官僚の恨み節の言葉では「私兵」――を大蔵省に扶植していきます。

さて、池田の時代も終わりがきます。昭和三十九年の東京オリンピックを花道に、池田は病気のために内閣総辞職しました。その後、佐藤栄作と河野一郎が後継を争います。佐藤は池田に逆らっていましたが、高校時代からの同級生で、同じ吉田茂門下の保守本流でもありました。一方、河野は池田の軍門に下っていましたが、鳩山一郎を担いで吉田の政権を倒したことのある傍流政治家です。こうした背景もあり、また、党内の力関係を見極めた上で、後継は池田指名の形式で、佐藤栄作となります。

佐藤は池田死後に恩を仇《あだ》で返して旧池田派を徹底的に干し上げ、福田赳夫と田中角栄を車の両輪として八年近くの最長不倒政権を築きます。旧池田派は、池田の無二の親友だった前尾繁三郎をクーデターで追った大平正芳が強奪します。こうして、大蔵省に人脈を扶植した田中と、大平・福田はやがて、激しく争うことになります。

日本の高度成長は続いていましたが、実はその裏で、破綻の足音は近づこうとしていました。

赤字国債発行と大蔵省の危機感

高度経済成長に陰りが見えた――佐藤栄作内閣は前の池田勇人内閣との違いを強調するために、そんな声を唱え始めます。実際、昭和四十年には一時的不況が到来しました。時の大蔵大臣は福田赳夫に代わっていました。福田は、池田の高度経済成長路線を批判してきた人です。ところがその福田が、一年限りとはいえ、赤字国債（特例公債）の発行に踏み切りました。政府の歳入が足りないので国民から借金をして補うのが特例公債です。

不況の時には財政支出を拡大して、景気を刺激する。これはケインズ経済学の基本です。財政収支が赤字になる、国の歳入よりも多い歳出になってでも、不況の時は民間にお金を回さなければならない。この経済政策の基本に忠実だったので、不況は短期間で回復し、赤字国債発行は一年で終了、結果的に健全財政は守られました。

なお、福田に赤字国債発行を進言したのは、池田のブレーンだった下村治でした。安定成長を唱えた福田は佐藤政権の大半で蔵相を務めたのですが、結果的に佐藤時代は池田時代以上の高度経済成長が達成されました。また、ライバルが不在となった佐藤は、七年八ヶ月の長期政権を築きます。もはや日本国民は「高度成長は永遠だ、自民党政権は永遠に続く」と思っていました。

しかし、大蔵省内部では危機感が芽生えます。景気は好況と不況を繰り返す――これは経済学の法則です。好況が永遠に続くことはなく、その逆もまたありません。もし、不況が異常に長く続けば、それは人災です。ならば、いつか迎える高度経済成長の終焉《しゅうえん》に備えなければならない。今回は赤字国債の発行を一年で終わらせることができたが、次回も大丈夫だという保証はどこにもない。何より、戦時中の馬場財政という、大蔵省にとっては悪夢のような例もあります。生産力を無視した国債の無尽蔵な発行によって悪性インフレを招き、止まらない対外戦争の中で増税の恒久化に陥って亡国の憂き目に遭った苦い経験があります。

戦後初めて、借金によって歳入不足を補う事態を招来し、健全財政が破れたことによって大蔵省は相当の危機感を抱きました。そこで、大蔵省官房長の村上孝太郎が中心となって、可能な限り赤字国債を発行しないで済むような健全財政の枠組み作りを研究し始めます。

そして昭和四十三年、村上は徹底した歳出削減を求める「財政硬直化打破キャンペーン」を始めます。しかし、当時はまだ高度成長期が続いていたこともあり、政治家は村上の行動をいぶかりました。

経済史では、このキャンペーンは村上一人のスタンドプレーにすぎず、村上次官の退任により自然消滅したと語られます。

しかしその裏には、大蔵省が知られたくない真実が隠されているのです。

第５章のポイント

1　池田勇人は強い指導力で国民を結集し、日本を復興と高度経済成長に導いた。

2　高度経済成長により豊かになった日本に、ソ連は付け入る隙を見つけられなくなった。

3　高度成長の鬼っ子、田中角栄は徐々に大蔵省を侵食していった。

第6章

三角大福、赤字国債、消費税

「無敵」大蔵省に忍び寄る悪夢

1965-1982

6-1 知られざる大蔵省の敗北

「歌手一年、総理二年の使い捨て」

本章で扱う時代、政治家が財政を壟断しました。それを詳述する前に、まずは、この時代にちなんだクイズをいくつか出しましょう。

第一問。「三角大福」とは何でしょうか。あるクイズ番組で、「三角形のお餅」と答えていたアナウンサーがいましたが、もちろん違います。これは、ポスト佐藤栄作を決める昭和四十七年の自民党総裁選挙で争った、三木武夫・田中角栄・大平正芳・福田赳夫の四人を指す言葉です。中曽根康弘も合わせて「三角大福中」と呼ぶこともあります。

この五人は、「角・三・福・大・(間に鈴木善幸を挟む)・中」と、順番こそ入れ替わりましたが、次々と総理の座に就きました。しかし、その政権は、五年に及んだ中曽根内閣を例外として、いずれも短命に終わっています。これを、次世代のニューリーダーと目されていた竹下登は「歌手一年、総理二年の使い捨て」などと揶揄《やゆ》しました。すなわち、傑出した実力者不在の時代の到来です（それでも二年もつだけ、毎年総理が代わる平成時代よりは良いとの声も出てきそうですが）。

第二問。金権政治の反対語は何でしょうか。ヒントは、「クリーンな政治」ではないとだけ申し上げておきます。

第三問。三角大福中の五人の中で、ただ一人が増税原理主義で、他の四人は増税反対を貫きました。その増税原理主義者とは誰でしょうか。ヒント。それは、中曽根康弘ではありません。

第二問と第三問は、本文で答え合わせをしていきましょう。

「健全財政」の真の意味

前章の最後で、高度経済成長が続いている真っ只中にもかかわらず、危機感を抱いた村上孝太郎大蔵省官房長は「財政硬直化打破キャンペーン」を行い、あえなく頓挫したと述べました。村上が守ろうとしていたのは「健全財政」です。

「健全財政」の意味は、よく「歳出が歳入を上回らないこと」と単純に解釈されています。

そのため、「歳入が足りなければ、増税をして歳入を増やさなければならない」などと誤解されたりもします。しかし、健全財政とはそんな単純な意味ではありません。それでは国家予算がお小遣い帳や家計簿と同じになってしまいます。

また、健全財政のことが語られる際、「日銀の国債引き受け」のことがよく問題になります。つまり、日銀の国債引き受けは禁じ手であり、日本政府は日銀に借金を押しつけてはならないという語られ方です。

しかし、健全財政の真の意味は財政法を読めばわかります。ここで、特に問題となる財政法の四条と五条をご紹介します（法律が苦手な方は流し読みしてください）。

第四条　国の歳出は、公債又は借入金以外の歳入を以て、その財源としなければならない。但し、公共事業費、出資金及び貸付金の財源については、国会の議決を経た金額の範囲内で、公債を発行し又は借入金をなすことができる。

○2　前項但書の規定により公債を発行し又は借入金をなす場合においては、その償還の計画を国会に提出しなければならない。

○3　第一項に規定する公共事業費の範囲については、毎会計年度、国会の議決を経なければならない。

第五条　すべて、公債の発行については、日本銀行にこれを引き受けさせ、又、借入金の借入については、日本銀行からこれを借り入れてはならない。但し、特別の事由がある場合において、国会の議決を経た金額の範囲内では、この限りでない。

第四条は「借金は基本的にしてはならない」、第五条は「何も考えずに借金を日本銀行に押し付けて踏み倒してはならない」という意味です。もう少し詳しくみていきましょう。

昭和二十二年の財政法制定を大蔵省主計局法規課長として担当した石原周夫《かねお》（後の事務次官）は、この二つの条文は「一方では赤字公債を出さないというような政策と、他方では景気政策的にある通貨操作というものを公債政策でやるという両面を持っていた。両方に動きうるような書き方をとっている訳です」と述べています（『昭和財政史　４　終戦から講和まで』一七四頁）。

これはどういうことかというと、「必要な歳出でも、足りない分を借金して補うことは絶対に禁止する」などとすると、財政は硬直化します。だから「但し書き」、つまり「但し」

より後の部分で例外を設け、「時と場合によっては借金をしてもやむをえない」としているというわけです。また、借金を誰も引き受けてくれない場合、政府は日銀に強制的に引き受けさせてもよいと規定しています。つまり、「原則として借金をしてはならないが、必要な際にはしてもかまわない」というのが財政法の趣旨なのです。

ここで問題となるのは、「但し書きの条件」です。四条でも五条でも「国会の議決が条件」となっていることに注意してください。これは、もし政治家が暴走した時には、大蔵省としては止めようがないということを示しています。

前述したように、なぜ戦時中に大蔵省が苦しめられたかというと、世論が熱狂して陸軍や近衛文麿の戦争拡大を支持し、それを議会が嬉々として予算を認めたからです。一度でも例外を認めてしまうと、政治家がどんな圧力をかけてくるかわからない。だからおいそれと原則をはずせない。これが「健全財政」の真の意味です。

昭和四十年、「高度成長は永遠だ」と思われていた時代、時の大蔵大臣である福田赳夫が、国内の一時的不況を赤字国債の発行で乗り切ったことは前章で触れました。しかし、この措置に危機感を抱いた村上官房長を中心に、大蔵省中枢は必死に打開策を研究し始めたのです。

村上孝太郎の胸の内

ところが、大蔵省の出した結論は絶望的なものでした。

東京大学経済学部に『昭和四十年度における公債発行に関する資料集』全三巻という史料（以下『資料集』）があります。村上官房長らが何を考え、どう動いたかはこの史料から読み解くことができます。

村上の問題意識は、「赤字国債を発行しないようにするには、赤字を出さなければよい。そのためには無駄な支出を最初からさせなければよい」というものでした。

日本人ならば誰でも、行政の無駄遣いを感じたことはあるでしょう。例えば年末の道路工事です。予算を使い切らなければ、来年の予算をその分減らされる。もしかしたら減らされるだけでなく、予算自体がもらえなくなるかもしれない。だから、無駄でも何でも、予算で得たお金は使い切ってしまわなければならない。民間企業の場合であれば、余ったお金は繰越金として翌年に回せるのに、国民の税金はこうやって浪費されます。

実は、予算をつける側の大蔵省も、このことは自覚しています。そして、まさにこの、「余ったお金を繰越金として翌年に使えるように回そう」と研究したのが、村上官房長だったのです。

『資料集』二巻五五八頁に、一九六六年七月五日付で主計局法規課が作成した「予算執行の弾力化等の問題点について」という書類が残されています。ここでは、継続費を景気対策に活用すること、年度内に消化の終わる見込みのない国債を国会の議決によりあらかじめ翌年に繰り越せるような法改正をすること、などが提言されています。

つまり、財政・金融を単年度予算の枠内で縛らず、大蔵省に臨機応変な経済政策ができるようにすれば、国庫が赤字になるような事態が避けられると考えたのです。こうした村上プランは、常識的すぎる提案だと思われるでしょう。また、先ほどご紹介した財政法の正しい精神にも則っています。

「天敵」が現れる

ところが、これに待ったをかけた存在がいるのです。それが、内閣法制局です。単年度予算の枠を超えて大蔵省主計局に財政金融政策の幅を持たせようというこのプランそのものが、「憲法八十六条の会計年度独立の原則に反する」の一言で潰されたのです。

昭和初期以降、無敵を誇った大蔵省主計局が、このとき問答無用の完敗を喫していたのです。

では、この内閣法制局とは何物なのでしょうか。

戦前は単に法制局と称され、内閣の政策・立法のための調査機関でした。今は衆参両院にも法制局があるので、正式名称は内閣法制局と区別していますが、単に法制局といえば内閣法制局のことを指します。

政府が提出する法案はすべて法制局の審査を通さなければなりません。それらが既存の法律と矛盾しないか、憲法に違反しないかを審査するのが役割です。他省庁にとっては法制局の審査を通すことができなければ何もできないため、その権力（拒否権）は絶大です。また、「その政策は既存の法律と矛盾する」などと言われると、政治家は金縛り状態に陥ります。

戦前は、この法制局の仕事をチェックする存在として枢密院がありましたが、現憲法では廃止されているため、この審査の威力は絶大です。

つまり、法制局が本気になって法案の棄却を考えれば、大蔵省といえども怖くないということです。実際、大蔵省議や閣議決定のみならず、国会が認めた予算や法律に関しても、平気で違憲判断をします。通常は法案可決前の段階でその判断を関係部局に伝えてくるのですが、その報告を執行直前にあえて行うこともあります。

逆にいえば、法制局は本質的に大蔵省の天敵となりうる可能性があるということです。しかし、それまでの法制局長官だった佐藤達夫と林修三は権限行使に抑制的だったので、法制局と大蔵省の対立が表面化することはありませんでした。

ところが、昭和四十年の佐藤内閣成立と同時に就任した高辻正己第三代内閣法制局長官は、かなりの問題人物でした。しかも悪いことに、法制局がこのような人物に牛耳られている時に、村上は当たってしまったのです。

高辻の簡単な経歴をみましょう。まず、内務省出身で法制局入りし、佐藤内閣七年八ヶ月の間すべての期間で内閣法制局長官に在任しました。後に最高裁判事に天下りし、竹下内閣では法務大臣を務めました。

歴史的に決定的に重要なのは、高辻こそ、憲法九条解釈を徹底して日本を戦えない国にした当の人物だということです。「自衛隊が戦争の研究をするのは侵略的だから禁止だ」「集団的自衛権は保持しているが、それを行使できない」などといった、有名な憲法九条解釈を推し進めたのが、この佐藤内閣・高辻長官なのです（高辻長官をはじめとする内閣法制局と戦後の防衛政策に関しては、樋口恒晴『「一国平和主義」の錯覚』を参照）。

憲法を利用して日本を弱体化させようという長官に、憲法の不備を補う運動をしても通るはずがありません。村上の目論見はこうしてあえなく頓挫しました。

そのため次善策として「財政硬直化打破キャンペーン」に走ったのです。つまり、予算を年度内に使い切るという制約ははずせない（村上プランの挫折）。だから、少しでも歳出を減らすべく国会議員を説得しよう（財政硬直化打破キャンペーン）ということだったのです。こうした事情を知らない国会議員が、レクチャーにやってきた村上の真意を不審に思ったとしても当然でしょう。

的中した村上の予言

村上孝太郎は「最後の古武士」「典型的な国士官僚」と呼ばれた、パワフルな次官でした。その村上をしても、佐藤栄作と高辻正己、つまり実力政治家と法制局の壁は越えられませんでした（以上、村上については、川北隆雄『大蔵省』、塩田潮『百兆円の背信』、山口二郎『大蔵官僚支配の終焉』を主に参考）。

おそらく財政の職人に徹した村上には、佐藤の心底や、なぜ高辻が自分の邪魔をするのかという理由は理解できなかったと思います。佐藤や高辻と意見対立することはあっても、彼らだって同じ国を思う公僕であって、まさか国を弱めることを考えているなど想像もできなかったはずです。生前の村上の言動から察するに、佐藤は直談判で自分の行動を容認してくれたのに、むしろ大蔵省本流のはずの福田のほうが冷たいと思っていた節があります。何より、村上が最も警戒すべき、無尽蔵に歳出拡大要求を押し付けてくる政治家がいました。その人物とは、田中角栄です。

佐藤が引退表明する直前、田中はその派閥の三分の二を糾合して田中派を結成し、昭和四十七（一九七二）年、自民党総裁選挙に出馬します。この時の選挙では、「三角大福」の四人が名乗りを上げました。中曽根は直前に出馬を取りやめ、田中支持に回ります。さらに田中は盟友の大平正芳だけでなく、三木武夫の支持をも取り付けます。下馬評は福田絶対有利でしたが、田中は福田に対し、一回目投票では六票差、決選投票では九十二票差で勝利しました。三木派か中曽根派のどちらかが福田につけば田中は負けていた、極めてドラマティックな選挙でした。しかも、「小学校出」の田中が、東大法学部〜大蔵省のスーパーエリートである福田を破ったのですから、国民の人気は爆発しました。

田中の著書『日本列島改造論』は九一万部の大ベストセラーとなります（実際に執筆したのは、通産省の小長啓一。後に岡山大学出身者初の通産事務次官に就任）。景気は過熱し、全国で土地の買占めが起きます。例えば、本州四国連絡橋構想が本格的に動き出すのはこの時ですが、香川県出身の大平正芳が「岡山と結ぶ橋をかけよう」と言えば、徳島県の三木武夫が

「我が県は淡路島を通って兵庫県と繋いでもらいたい」などとやりかえす有様です。双方に恩のある田中は両方聞かなければなりません。まさに、村上の予言が的中しました。

高度成長を食いつぶした田中角栄

田中は極端な積極財政を打ち出します。政策推進においても、権力基盤としたのはもちろん大蔵省です。首相就任直後に田中は、鳩山威一郎大蔵事務次官、相沢英之主計局長、高木文雄主税局長の三人を首相官邸に呼びつけ、積極財政予算の編成を厳命します。当時の主計局では、国際経済はインフレ傾向にあるので、少し財政と金融を引き締めたほうがよいのではないかという意見が多数でした。しかし三人は、「総理の命令に官僚は従わなければならない」と部下たちを押さえ込みます。それどころか、防衛庁以外の全省庁に、「欲しい予算は遠慮せずにドンドン要求するように」などと催促して回りました。主計局の仕事は本来、各省の要求を断ることですから、こうした姿勢は前代未聞です。

こうして、田中首相が就任して最初に作成した昭和四十八年度予算は、前年度比で二四・六％増の空前絶後の放漫予算となります。この予算では、社会保障費が多分に盛り込まれました。この放漫予算を田中は「福祉元年度予算」などと自画自賛しましたが、実は社会保障費こそが今に至る財政負担の元凶です（だから「税と社会保障の一体改革」が叫ばれています）。「軍事と福祉は無限大の金食い虫」とは財政学の基本です。どちらも「これで満足」という状態がないためです。戦前戦中は軍事行動の拡大が歳出拡大の錦の御旗でした。今度は福祉がその大義名分です。田中は昭和四十八年度予算編成で、防衛費以外の査定は無原則に認めています。福祉の他に公共事業も大拡大しましたが、これは田中の支持基盤であるゼネコンへのバラマキに他なりません。

そこに第四次中東戦争の余波で石油ショックが起こり、日本の物価は一六％増の「狂乱物価」となります。田中の経済財政政策は完全に失敗です。

首相時代の田中は失敗の連続で、やることなすことすべて逆効果を生みました。大蔵省に対しても、二つの重要な点で喧嘩を売った結果、失敗に終わっています。

その一つは、橋口収《おさむ》主計局長を事務次官にしなかったことです。橋口は新設の国土庁の初代次官に押し出され、高木文雄主税局長に次官をさらわれてしまいました。戦後は、主計局長を経験しながら次官になれなかったのは、公職追放の中村建城《けんじょう》、昭電疑獄の福田赳夫（第4章を参照）、この橋口、泉井《いずい》事件の涌井《わくい》洋治（第8章を参照）の四人だけですから、異常事態です。福田直系の橋口が、ことごとく田中の放漫財政に反抗したから報復されたのです。

もう一つが、内閣予算局構想です。すなわち、主計局から予算編成権を取り上げ、内閣に移してしまおうというのです。これは、近衛文麿・東條英機・マッカーサー・河野一郎と、大蔵省の歴代外敵が常にやろうとしていたことでした。しかし、『文藝春秋』が田中角栄の政治資金調達と愛人の問題をスキャンダルとして取り上げ「金脈政変」に至ることから、この構想は闇に葬られます。そして田中は、このスキャンダルを流した黒幕を福田派だと看做し、怨念《おんねん》を抱くようになります。

昭和四十九年十一月に田中は退陣表明し、大平と福田が争う中、第三の候補の三木武夫が後継総理の椅子をさらっていきます。

ほっとしたのも束の間、大蔵省にとってさらなる悪夢が始まります。

6-2 三角大福の夢のあと

三木武夫と赤字国債の悪夢

三木武夫は、誰の側近にもならず、権謀術数だけで総理の座を奪い取った、空前にしておそらく絶後となるであろう怪物政治家です。

ここでようやく、冒頭で出したクイズ第二問の答えです。金権政治の反対語は、恐怖政治です。民主国家では、国民に選挙で選ばれた政治家が法律を作ることになっています。軍隊（自衛隊）・警察・検察・税務署などがどんな実力をもっていても、法律には従わねばなりません。ただし、その法を操って人に恐怖を与えることはできます。まさにこの手法で田中角栄を葬ったのが、三木武夫です。

金権体質批判で倒れた田中内閣を継いだ三木は、「クリーン」を標榜しました。自民党第四派閥で、党内基盤が弱い三木は、世論に直接訴えかけて支持率を上げようとしました。

就任初日の閣議で三木は、政治改革・独占禁止法改正・生涯福祉計画《ライフサイクルプラン》をぶちあげます。政治改革は自民党主流派への、独禁法は主流派の資金源である経団連以下財界への、そしてライフサイクルプランは福祉予算膨張による健全財政破綻を恐れる大蔵省への挑戦です。霞が関の常識では、大蔵省に喧嘩を売るということは、全官僚機構と戦うのと同じことを意味します。

三木の構想によって、ほとんどの官庁に緊張が走り、内閣の窓口である海部俊樹官房副長官のところに問い合わせが殺到します。しかし三木は、「政治家が理想を語るのは当然だ」と、従来のボトムアップ式根回しの官僚的な仕事に見向きもしません。官僚の圧力など、どこ吹く風です。

しかし、三木は何の成算もなく世論の支持を信じて戦いを挑んだわけではありません。三木には三つの勝算がありました。第一は、何より、現職の総理大臣・最高権力者は自分であるということです。

就任一ヶ月後の昭和五十（一九七五）年正月、伊勢神宮への参拝を済ませた帰りに三木は高木文雄次官を私邸に呼びつけます。内閣の目玉政策であるライフサイクルプランの前提として、老齢福祉年金を一万円からさらに二千円増額しようというのが三木の本音です。高木としては、内閣が変わるたびに人気取りの福祉拡充をされては困るので、財政状況の厳しさを滔々《とうとう》と訴えますが、三木は聞く耳を持ちません。現職総理が「何が何でもやる」といったら、絶対です。結局、高木は三木に押し切られました。

第二の三木の強みは、参議院を押さえていたことです。河野謙三参議院議長は三木の盟友でした。当時の参議院は与野党伯仲国会で、三木の進める政治改革法案も成立が危ぶまれていましたが、賛否同数の末に河野謙三議長の一票で可決することになります。議長のこうした投票行動は異例だと考えられていましたが、三木にあからさまに同調したのです。平成の内閣は参議院で重要法案を阻止されて立ち往生するなどという事態が日常的ですが、三木内閣はその点で意外としっかりしていたのです。

ただし、政治改革法案成立と引き換えに、大蔵省主管の酒たばこ値上げ法案が時間切れで流産になっていました。そんなことはお構いなしに三木は「天は我を見捨てなかった」とコメントし、大平大臣以下、大蔵省の反感を買ってしまいます。大平や大蔵省幹部は「この法案が通らなければ赤字国債を発行しなければならなくなる」と河野に泣きつきましたが、「所詮、ゼニカネの問題だ。金よりも政治倫理のほうが大事なのだ」などと追い返され、相手にされませんでした。

『踊る大捜査線』という警察官僚と警察官の悲喜交々《こもごも》を描いたドラマがあります。織田裕二演じる主人公の青島刑事が、上司から「お前らの仕事なんてくだらないことなんだよ」と踏みつけにされるシーンが何度も出てきます。この時の大蔵省は、まさに青島刑事の心境でした。大臣の大平にできたのも、部下を慰めることだけでした。大平たちからすれば、田中金権政治を批判して政権についた「クリーン三木」が人気取りで政治改革を唱えるのは勝手ですが、不況で税収が落ち込んでいるのに、貴重な財源である酒とたばこの値上げを放り出してどうするつもりだと言いたかったでしょう。

当然、このように経済政策にまじめな関心を示さない三木の内閣で、必要な歳出が歳入を上回ってしまいます。そしてとうとう、昭和五十年、再び赤字国債を発行しなければならなくなります。

大蔵官僚たちのトラウマ

話は少し脇道に逸れますが、この年から今に至るまで、平成二～五（一九九〇～九三）年を除いて、赤字国債は連続して発行され続けます。ここで、昨今、巷《ちまた》でよく囁かれている「無制限の赤字国債で日本の財政は破綻しそうになっている」などと、経済学を離れた議論に一足飛びする気はありません。本当のことを言えば、そんなに借金で首が回らないのなら、日本政府は国債を日銀に強制的に引き受けさせればよいのです。その根拠は、本章の冒頭でご紹介した財政法第五条です。これを実行すれば、日本銀行は返してくれるはずのない債権を抱えることになり、事実上の徳政令（債権放棄を命じた法令）と同じになるため政治的に勇気がいるという理屈はわかるのですが、経済理論的には問題のない話です。

大蔵官僚は経済学研修という講座を必ず受講するのですが、もし「日本は国債発行という借金で破産する」などと言う大蔵官僚がいたとしたら、その人はこれまで一体何を学んできたのかという話になります。

現在の財務省ホームページでは財政破綻の危機を煽る記述が多いのですが、その恐怖感というのは経済学的な理論の話ではなく、政治家に押し付けられて今に至っているという原体験が大きいように思われます。

以上のような政治的背景を検証すると、大蔵官僚はかなりのトラウマを抱えているとわかるのです。そのトラウマが正常な判断力を失わせているのです。

なぜ三木おろしは失敗したのか

話を元に戻します。三木内閣も成立から一年が経つと、周囲の不満がくすぶり始めます。特に政権をさらわれた福田副総理や大平蔵相は、自分のほうが本来は格上だと思っているため、陰に陽に嫌がらせをしてきます。これが「三木おろし」です。しかし、そこから三木は一年もその嫌がらせをかわし続けます。

ここで、三木が大蔵省や自民党多数派を恐れなかった、第三の根拠を挙げます。それは、法制官僚、すなわち内閣法制局と検察庁だけは味方につけておいたことです。戦後の法制局は大蔵省唯一の天敵官庁であり、起訴独占権を持つ検察は実力装置そのものです。

昭和五十一年二月、米国ロッキード社の航空機売り込み事件に関して、日本の政府高官が賄賂を受け取ったのではないかとの疑惑が広がりました。三木はこれを好機とばかりに「事件の徹底解明」を国民に約束します。さらに、「フォード大統領から灰色高官の名簿を入手した」とまで公表します。世論は「クリーン」な政治姿勢を支持しましたが、これは要するに、反対派への露骨な恫喝です。真田秀夫法制局長官は「総理には灰色高官の名簿を公開する権限がある」とまで明言しました（昭和五十一年十月五日参議院予算委員会議事録）。本来ならば法制局長官は政治的発言をしないものなので、この光景は異様でした。

そして七月二十七日、検察庁は前首相である田中角栄の逮捕に踏み切りました。三木は、「田中の逮捕は当日の朝まで知らなかった」と惚《とぼ》けましたが、この発言を信じる人は政治家の中には誰もいませんでした。そして三木は、人気取りと内閣延命のために検察を使って田中を逮捕したのではないか——そういう疑いとともに、政官財界全体がそれまでの三木の政治姿勢への反感を爆発させます。

そうした中、三木は大蔵省を人質に取るという行動に出ました。続く不況と税収減の中、昨年度に続いて赤字国債を発行する特例公債法案を成立させるべきだと福田や大平に迫ったのです。結局、九月十五日に内閣は改造され、衆議院の任期満了による十二月の総選挙までの三木の延命がここで確定しました。

任期満了総選挙の結果、自民党は結党以来の過半数割れを起こし、責任を取る形で三木は退陣しました。福田は「自分は一期二年で辞めるから先を譲ってほしい」と大平に約束し、大平と田中の支持で政権に就きます。こうした派閥抗争と談合のせいで国政はすっかり停滞していました。

福田赳夫への絶望と大平正芳の信念

福田は、首班指名選挙で過半数をわずかに一票超えるだけの差で首相になりました。そして、昭和五十一年のクリスマスに福田赳夫政権が誕生します。幹事長は大平正芳です。政府は福田が、党は大平が取り仕切る体制です。政権の背後には、ロッキード事件の被告人でありながら自民党最大派閥を擁する田中角栄がいたため、世間はこの内閣を「角影内閣」と呼びました。

大蔵省は、保守本流の福田に期待します。しかし、その期待はさっそく裏切られます。福田は一票を超えるだけの差で首相になったため、その体制は磐石なものではなく、野党の強い攻勢にさらされます。

野党は減税を求めます。五十日にわたる攻防の末、昭和五十二年度予算は大蔵原案から修正されます。占領期以来、大蔵省の予算が修正されるのは三十年ぶりの出来事です。この結果、福田内閣は三千億円の追加減税を認めました。

翌年も野党は減税を求めてきます。福田は景気対策として、公共事業の拡大と赤字国債の増発を続けます。すると大蔵省では、これでは田中と変わらないのではないか、そんな声がささやかれ始めます。その声の中心は、大倉真隆《まさたか》主税局長です。大倉は昭和五十年から五十三年まで主税局長を務め、積極財政を続ける田中・三木・福田の歴代内閣に怨念に近いような不満を抱いていました。

福田内閣も一年も経つと、政策と政局のねじれが起きるようになります。三木おろしの経緯から、福田体制を支えるのは大平・田中派でした。一方、前の三木内閣で主流派だった三木派と中曽根派は非主流派に転じています。

ところが、非主流派が福田財政を支持するという奇妙な現象が起こります。中曽根は、ことあるごとに積極財政に慎重姿勢を示す大平の逆を言います。また、三木の後継者である河本敏夫は、内需拡大の積極財政論者として、福田支持を打ち出します。他方、田中角栄は福田財政に反対ではありませんでしたが、こうした動きから、もしかしたら福田は自分を切り捨てて、中曽根や河本を重用する気ではないかとの疑念を抱くようになります。

そして田中と大平は、総裁選挙で福田を引き摺り下ろす決意を固めます。油断しきっていた福田は、現職総理でありながら敗北しました。

そして、次に政権を獲得した大平は決意します。もはや増税しかないと。苦難を共にした大倉真隆を事務次官に登用し、一般消費税の導入を決意します。

大平正芳は、「田中角栄の盟友」とは名ばかりで、実際には田中の傀儡《かいらい》でした。福田を倒した総裁選挙でも、実際に動いたのは田中派でした。大平は何事においても田中の意向を仰いで決めたので、「仰角内閣」と呼ばれました。現に、毎日自分で田中に電話をかけて指示を仰いでいました。

ただし、内心では一つだけ宗教的信仰にも似た信念を抱いていました。「増税だけは自分の内閣で、絶対にしなければならない」と。

ここで冒頭に出したクイズ第三問の解答です。増税原理主義者とは、大平正芳のことです。大蔵省は、やりすぎの田中、何も考えていない三木に振り回されました。その間、福田はまったく頼りにならず、大蔵官僚は「財政規律が崩壊した」と悲鳴をあげます。確かに無定見な歳出拡大、膨張する赤字国債で、「健全財政」は跡形もなくなりました。

昭和五十四年、大平は衆議院を解散します。そこで何と、総選挙の公約で「一般消費税」の導入を掲げたのです。選挙前に増税を公約にするなど、前代未聞です。政権の黒幕である田中角栄も猛反対しましたが、こればかりは大平も聞き入れません。

案の定、総選挙で大平は大敗しました。その結果、三角大福の抗争は歯止めが効かなくなり、半年後には再び総選挙に突入します。政争に疲れきった大平は、選挙中にこの世を去ります。選挙は、大平の死で同情票を獲得した自民党が大勝、特に田中派は他を圧する大勢力に膨張します。

唯一、頼りだった政治家である大平正芳の死により、大蔵省は雌伏の時期を迎えます。もはや、田中角栄の権勢を止められるものはいなくなります。

「永遠の闇将軍」の陰で

田中は、大平派を継いだ鈴木善幸を後継総理に据えました。福田が「角影」、大平が「仰角」なら、福田や大平よりも力のない鈴木は「直角」です。

知名度の低かった鈴木善幸は、世界中の新聞に「Zenko Who?」と書かれ、所信表明演説では原稿を二枚飛ばし読みし「鈴木ゲン幸さん」とからかわれ、やがて週刊誌は「暗愚の帝王」と呼ぶようになります。それまでの総理総裁は、選ばれた一部の人間だけが争うものだと思われていましたが、鈴木善幸以降は「バカでも目白の意向があれば総理になれる」と言われるようになります。田中角栄は目白にあるその住居から「目白の闇将軍」と呼ばれていました。そして、予算というアメをばら撒き、巨大な派閥を養う金権政治家として君臨します。

田中がここまで無理をして日本の政治に君臨しようとした背景には、ロッキード裁判で、刑事被告人という立場に叩き落とされたという弱点があるからです。ロッキード裁判で検察は、強引なやり方で田中を犯罪者に仕立て上げましたが、これはまさに三木による恐怖政治でした。だから、田中としては司法官僚の恐怖政治に対抗するために、金権政治で自分の権力を守らねばならなかったのです。田中はいつ政治生命を失うかわからない恐怖と戦っていたのです。そのため、どんな強引なやり方であっても大蔵省を支配し続けなければならなかったのです。

三木や福田が政権を降りた後は力をなくしたのと対照的に、田中は自分の派閥を膨張させ、首相時代以上の権力を握ります。こうして、田中バラマキ政治の時代が絶頂に達します。もはや闇将軍・田中角栄の権勢は永遠である――誰もがそう思っている時代に、密かに力を蓄えつつ、爪を研いでいた人たちがいました。

竹下登と大蔵省です。大蔵省、面従腹背の時代です。

親中派に侵食された自民党

それにしても、自民党内の派閥抗争はすさまじいばかりです。自民党と社会党が米ソ両超大国の代弁人だった時は、派閥抗争はむしろ安定していました。では、なぜ、ここまで自民党内の争いが激化したのでしょうか。それは、自民党内が国際政治の代理戦争の舞台と化したからです。

三角大福の派閥抗争の起点は昭和四十七年自民党総裁選です。この時の選挙は、まさに対外政策の是非を争い、その後の十年間は合従連衡《がっしょうれんこう》が続くのです。

ここで問題となったのは中国政策です。共産主義陣営の中でソ連と中国が仲たがいしたのをアメリカのニクソン大統領は見逃さず、米中接近をはかったのです。日本もこの東アジア政治の変動の中で、誰と手を結び誰と戦うのかを問われたのです。

これには三つの立場がありました。

一つめは、親台湾政策です。敗戦後の日本は、中国の正統政権は、台湾に逃れた中華民国政府だという立場を採っていました。これは、賀屋興宣や岸信介が守ってきた親米路線の延長であり、福田赳夫がこの勢力を代表します。すなわち、ソ連や中国共産党とは手を組めないという立場です。

二つめは、親米・親中派です。米国の中華人民共和国接近に歩調を合わせ、ソ連と対峙しようとの立場です。ただし、台湾を無碍《むげ》にしようとの考えはありません。三木武夫がこの代表です。池田・三木の両内閣で外相を務めた小坂善太郎がこの立場の先駆です。

三つめは、親中政策です。アメリカやソ連と表立って事を構える気はありませんが、台湾は切り捨てる立場です。田中内閣・大平外相がこれを実行しました。そしてこの立場が昭和四十七年以降の日本外交の基軸となります。中曽根康弘も最終的にこの立場を採ります。かくして、米国の代理人政党であるはずの自民党が親中派に侵食されていったのです。

本章で扱った時代は米中蜜月なので、自民党内親中派の存在は問題になりません。何より、日本は発言力のある国ではなく単なる地名なのですから、ソ連と対峙するアメリカとしては中国の顔色のほうがよほど重要なのです。

アメリカは、中国共産党を後ろ盾とする田中角栄に手を出すことができません。こうして、内政で無敵となった田中により、大蔵省は壟断されていきます。

第6章のポイント

1　大蔵省も日本国憲法と内閣法制局の壁は越えられず、財政破綻の端緒を作ってしまった。

2　三角大福の政争に振り回された大蔵省は、万策が尽きて増税路線に追い詰められた。

3　無制限のバラマキを続ける田中角栄を尻目に、大蔵省はひそかに増税を狙っていた。

第7章

失われた十年

政治家に振り回される大蔵省

1982-1996

7-1　支配を強める「増税の空気」

「党高政低」「族議員」

昭和五十年代後半、田中角栄の「闇将軍」支配は絶頂を迎えます。自らの権力を誇示するためだけに仕立て上げた鈴木善幸首相が使えないと見るや、その首をすぐに中曽根康弘に挿《す》げ替えます。田中派は自民党最大派閥として、時の政権をも自由自在に操ります。

自民党の多数の政治家が田中派に馳せ参じたのは、田中に従えば予算がもらえるからです。政治家は地元に予算をばら撒くことで当選できます。だから、予算を編成する大蔵省を支配する田中の下に馳せ参じ、最終的な予算の決定権を持つ衆議院を実質的に支配する田中に、大蔵省は逆らえなくなるのです。

マスコミは大蔵省の凋落《ちょうらく》を書き立てます。「党高政低」「族議員」といった言葉が登場するのはこの時代です。自民党の了解をとらねば大蔵省は何もできない、それぞれごとの業界の利益を代表する「族議員」が圧力をかければ、大蔵省から予算をむしりとることができる。これらを煎じ詰めていえば、田中角栄の前では大蔵省は言いなりの財布にすぎない、という意味です。

大蔵官僚の価値観

ただこの危機に際して、大蔵省は人材に恵まれることになります。鈴木・中曽根の七年間で、大蔵事務次官は、田中敬・高橋元・松下康雄・山口光秀・吉野良彦と五人を数えます。また、最後の三人は二年の長期在任となります。では、どういう意味で「この危機に際して、大蔵省は人材に恵まれた」といえるのでしょうか。

それを知るためにも、ここで、大蔵官僚はどういう価値観で生きているのかをご紹介しましょう。

たいていの大蔵省高級官僚は、高校まで一番以外の成績をとったことがなく東大法学部に入り、国家公務員Ⅰ種試験でも上位合格しています。そうした同期の二十人強全員が、仕事上の絶対裏切らない仲間であり、同時に出世上のライバルになります。その中で頂点に立つ事務次官は、原則として一人だけです。まれに、同期から二人の次官が出る場合もありますが、その場合は他の期から事務次官が出ません。つまり彼らは一生、「ランク主義」「格付け競争」の世界に生きているということです。

さらに、歴代事務次官の中にもランクはあります。通常、事務次官の任期は、後がつかえているということもあって一年ですが、そうした中で、二年も在任するということは、実力があったことの証左でもあります。また、在任期間が二年に及んだ事務次官は、後輩たちからの尊敬を得るだけでなく、現役への影響力も強くなります。つまり、次官経験者の中でも「ドン」「真のドン」と呼ばれうる存在になれるということです。

このドンになる資格は、天下り先の格で決まります。それはすなわち、日銀総裁か東証理事長になることです。唯一、この両方を務めた森永貞一郎は「ドン中のドン」です。その後、谷村裕東証理事長、澄田智日銀総裁、竹内道雄東証理事長、長岡実東証理事長と、この「ドン」の系譜は続きます。もちろん「ドン」が誰であるかは単純に肩書きだけで決められるものではないのですが、「ランク」による自己実現が大蔵官僚の一つのモチベーションとなっているのは間違いありません。

「山口組のドン」と「ワル野ワル彦」

先に、鈴木・中曽根政権時代、二年の長期在任を果たした人物は、松下康雄・山口光秀・吉野良彦だと述べました。すなわち、田中の支配が強まる「大蔵省の危機」の時代に、大蔵省は次々と、こうした「ドン候補」を揃えたというわけです。

ここで、その三人の人物像を簡単にご紹介しておきましょう。

松下は、人物としても政策においても、バランス感覚に優れていたと評されています。前任の高橋次官が「角栄人事で次官になれた」と陰口を叩かれるほど政治家と密着したのに比し、松下は徐々に田中と距離をとりはじめます。

大蔵省の強みは、普段は身内で対立していたとしても外敵には結束することです。これが崩れたために田中角栄につけこまれた様子は前章で見ました。松下は山口や吉野のような個性の強い部下たちに自由な議論をさせながらも、外部の政治家に対する結束を徹底します。つまり、日頃は「局あって省なし、課あって局なし」などと言われる激しい意見対立をさせても、最終的には一糸乱れぬ行動をとらせるのです。田中の権勢はまだまだ続いていたのですが、この時、大蔵省は次を見据えた反撃体制を整えていたのです。

一方、山口は、後輩や番記者の面倒見がよく、彼を中心に「山口組」と称されるほど、その徒党の結束が強い親分肌の人物だったと評されます。

政策では、「シーリング」の発明者として知られます。シーリングとは「天井」の意味ですが、つまり各省庁が請求できる予算の上限額を最初から決めていたのです。その一方で中曽根首相が「防衛費GNP一％枠の突破」と公約にした時などは、首相と一対一で膝詰談判をして粘りに粘った末に中曽根に、「山口君、総理は僕だよ」と言わせた上で引くような芸当もみせました。首相である中曽根の顔も立てつつ、予算カットを至上命題とする大蔵省内にも「トップがそこまでやるなら」と納得させたのです。しかも、これがあまり知られていない割に重要なのですが、そもそも防衛費はGNP二％までは許容範囲なのです。つまり、中曽根は山口のシナリオの上で踊ったと評してよいのです。このように、山口は人間的にも政策においても幅の広い人物でした。

他方、主義主張が最もはっきりしているのが吉野です。吉野は、「主計の職人」と評される財政一筋の人物で、常に「緊縮財政」を唱え、消費税導入に官僚人生を賭けた人です。一方で、筋金入りの外国嫌いと金融嫌いとして有名でした。

また、群れるのが嫌いな一匹狼的な人物だったとされます。ただし、そういった周囲に媚びない姿勢が、かえって後輩の中に後の事務次官・斎藤次郎のような熱烈な信奉者を生みます。国益と信じたことのためならば、大物政治家相手でも平気で嘘をつき、他人を騙すのも厭わないオペレーション能力の高さから、「ワル野ワル彦」の〝尊称〟があります。

彼らの「ワル」ぶりを象徴するエピソードがあります。当時としては前代未聞だったのですが、主計局長時代の吉野が藤尾正行自民党政調会長の逆鱗に触れ、出入り禁止にされたことがありました。ここで竹下登蔵相の仲介で、吉野が藤尾に殊勝にも詫びを入れたことから、マスコミは「党高政低」「落日の大蔵省」「族議員優位」と書き立てます。しかし、吉野は気にもかけません。次官の山口も吉野を守ります。すると、ほどなくして藤尾は失脚します。つまり、時の勢いのある政治家をいなすくらい、「ワル野」にとっては朝飯前のことだったのです。

すなわち、世間的には「大蔵省の凋落」と揶揄されながらも、大蔵省はその頭脳を結集させ、人事の妙によって政治の圧力に抗《あらが》ったというわけです。この「鉄の規律」と称される団結力こそ、大蔵省の力の源泉です。

「財政規律」の真の意味

昭和五十年代も後半になると、ようやく二度にわたる石油ショックの不況から立ち直り、バブルの足音が聞こえてきます。しかし、田中角栄のバラマキによって、赤字国債は完済するはずもなく、それどころか日本の借金は膨張を続けます。この頃から大蔵官僚は、「財政規律」を呪文のように唱え始めます。では、「財政規律」とは何なのか、赤字国債を発行すると何が悪いのか。ここで、歴史に即して検証していきましょう。

戦前の軍事予算の無制限の膨張の実態は第3章で詳述しました。確かに、その時の馬場財政は日本の悪夢でした。そして大蔵省にとって、田中角栄の登場は、大蔵省伝統の健全財政からすれば馬場鍈一の再来に他なりません。「何も考えずに、赤字国債を発行し、通貨供給量を増やし、借金を日銀に押し付けて踏み倒し、それでも歳出が減らせずに、最後は恒久的増税に至る」――これは最悪のループであり、倒産するまで借金するようなものです。これではどう転んでも国民生活は破綻し、亡国に至ります。

ここで大事なのは、「何も考えずに」という、傍点を振った言葉です。政府当局者が明確なビジョンを持ち合わせていなければ、どんな政策でも破綻するのは自明です。したがって、もちろん不況対策としての通貨供給量拡大や赤字国債発行そのものが悪なのではありません。

では、「財政規律」とは何なのでしょうか。それは、歳入よりも歳出が上回ってはならないとする「健全財政」を、何も考えずに破ってはならないという規律のことです。

また、財政規律は通常、「お札を刷ってはいけない」「赤字国債への依存は三〇%以内に抑えなければならない」とする理念だと単純に解釈されますが、その中身は意外と吟味されません。

まず「お金を刷ってはいけない」という理念ですが、その前に、初歩的な経済原則を確認しておきましょう。それは、「経済のバランスは通貨発行量と生産供給量の関係で決まる」というものです。

これを大蔵省の立場で考えれば、「通貨（すなわち紙切れ）はいくらでも刷ることができる。だからこそ、生産力を超えてお札を刷るような事態は避けねばならない。したがって、何も考えずにお札を刷れという政治家の圧力には対抗しなければならない」。これが、戦時中の賀屋興宣蔵相の政治的発想です（賀屋興宣『戦前・戦後八十年』）。

もちろん、バランスが問題なのですから、何も考えずに刷らないのもまた問題です。賀屋はお札を刷ってデフレを乗り切った高橋財政の信奉者です。賀屋はデフレも悪性インフレも同様に悪だと考えていたのです。

次に、赤字国債の理念ですが、佐藤内閣の蔵相として、また、三木内閣の副総理・経済企画庁長官として、赤字国債発行を主導したのは福田赳夫です。その時、福田は国債発行額を財政支出の三〇％という枠を決めました。この数字は、その後の歴代内閣で守られることもあれば、破られることもありました。

さて、この三〇％という数字の根拠に関して、福田内閣の坊《ぼう》秀男蔵相（大蔵省担当記者以来の福田の親友）は、はっきりと言い切っています。この数字は「意味のあることではない」と（塩田潮『百兆円の背信』）。つまり、どこかで一定の枠をはめなければ、政治家の圧力が強まって国債依存度が高まるばかりなので、一定の枠で抑えておかなければならないという、政治的数字なのです（福田赳夫『回顧九十年』）。

賀屋も福田も、大蔵省の本流中の本流の流れを汲む人物であることはこれまで触れてきました。彼らにとって大事なことは、「お札を刷ってはいけない」「赤字国債への依存は三〇％以内に抑えなければならない」という理念を守ったかどうかではなく、時の経済状況を見ながら財政・経済を運営していくことです。経済が適正な状態——マイルドインフレ——で保たれていれば、お金を刷りすぎる必要も生じなければ、その逆もありません。もちろん、赤字国債も不要です。

田中・三木・福田時代、大蔵省にも無責任な政治的圧力がかかってくるようになりました。その時に叫ばれた「財政規律」とは、政治家が要求してくるバラマキを跳ね返すための方便でした。大蔵省主流には、この程度の理屈はわかっていた人が多かったのですが、いつの間にか、その本来の意味が失われていくようになります。

大蔵省は、田中角栄への反発により、経済合理性よりも政治的事情を優先せざるを得ない思考に陥っていくのです。

竹下登が仕掛けた田中派の乗っ取り

昭和五十七（一九八二）年から六十二年までの長期政権となった中曽根康弘内閣で、最後の一年を除いて蔵相を務めたのは竹下登です。結論から言うと、大蔵省と竹下はお互いに接近して田中角栄という共通の敵を倒しました。

田中の、「昭和四十八年度・大バラマキ予算」のことは前章で紹介しましたが、主計官（課長相当職）として政府方針に最後まで反対したのが、大蔵省の吉野良彦と、その部下だった斎藤次郎主査（係長相当職）です。しかし、この時の田中と吉野では、力の差がありすぎました。田中角栄を中心とした政治の圧力に大蔵省が振り回されるうちに、吉野や斎藤は「もはや増税でしか、健全財政を守ることはできない」との信念を抱くようになります。吉野や斎藤は官僚生活の最も重要な壮年期を、こうした政治への怨念を抱いて過ごしているのです。

田中に対抗できる政治家は同世代にはいない。ならば次の世代から探すしかない。蔵相連続四期を務め上げた実力者・竹下登に大蔵省が接近するのは当然です。竹下のほうも、着々と人脈と金脈を拡大していきます。そして機は熟したと判断した昭和六十（一九八五）年二月、竹下は田中角栄に対して派閥の乗っ取りを仕掛けます。竹下は、田中派議員の大半を自分の配下に引き入れようとしたのです。

田中という人物は、時の総理である中曽根康弘ですら、ご機嫌を伺うような存在でした。ロッキード事件で裁判所から有罪判決を下された時には、田中は中曽根に衆議院の解散を命じました。総理の中曽根は田中の意のままに解散し、自民党は過半数割れの大敗をします。しかし、田中自身は最高点で当選し「禊《みそぎ》はすんだ」と闇将軍の地位を離しません。田中は総選挙で減った議席の分を新自由クラブとの連立によって補うように中曽根に指示し、政権を存続させます。不平派が選挙敗北の責任を追及しようにも、誰も自民党最大派閥の田中派には逆らえません。中曽根も、田中に従ってさえいれば総理の地位は安泰なのですから、田中に逆らうようなことはしません。

こんな田中に挑むわけですから、当時の世評は竹下による田中派の乗っ取りは無謀な挑戦だと看做しました。しかし結局、田中はこの抗争の最中に脳梗塞で倒れ、田中派議員の大半は雪崩《なだれ》を打って竹下の下に参集し、竹下派は一一五人の自民党最大派閥となります。一方、旧田中派の衣鉢《いはつ》を継ぐ二階堂進のグループは一五人しか残りませんでした。これは、竹下にとって田中の病気による僥倖《ぎょうこう》だったのでしょうか。

竹下は勝つべくして勝った

そうではありません。竹下は十年もの年月をかけて準備をし、勝つべくして勝っているのです。ここで、昭和六十年における田中と竹下の権力の源泉を、五点ほど比べてみましょう。

第一は、田中派内の勢力関係です。最大時、一四一人の田中派は数が多すぎて、田中の取り巻きは二階堂進自民党副総裁ら、長老的幹部だけに限られていました。一方、若手議員は田中と親しく接する機会すら、時とともに薄れていました。こうした若手議員の面倒を見たのが竹下と金丸です。そして、「親衛隊」と頼りにしていた梶山静六や小沢一郎たちが、竹下や金丸とともにクーデターの首謀者となったのを知り、田中は大きな打撃を受けます。

第二は、自民党内の勢力関係です。総理の中曽根は「風見鶏」と呼ばれながらも、三角大福の激しい政争を潜《くぐ》り抜け、五年の長期政権を築いた稀代の政争家です。田中には面従腹背です。竹下を蔵相として動かさず、田中に対抗できる力をつけさせます。これは最大派閥の田中派を分断しようとの意図です。また、言いなりになるだけの他派閥は、田中に反感を抱いていています。そのため、田中派が内部抗争を始めた時、自民党の他の派閥は竹下に好意的中立の姿勢を示しました。

第三は、参議院です。田中は参議院を自らの権力基盤だと油断していました。一方、竹下と金丸は、田中が油断している間に、参議院を天王山だとみて攻略します。最終的に、ほぼすべての田中派参議院議員が竹下派に馳せ参じました。こうして、竹下は数の力を手に入れます。

第四は、官庁です。田中が唯一頼りにできた側近が、警察庁長官から官房事務副長官を経験し「官界の天皇」と呼ばれた後藤田正晴です。中曽根内閣では、後藤田は官房長官など常に内閣の要にいました。当選回数が少ないにもかかわらず、派閥の序列も無視して田中は何度も後藤田に閣僚を経験させます。ところが、後藤田は政府の役職で多忙であることを理由に、田中派内の抗争に関わろうとしませんでした。

何より田中に支配されてきた大蔵省は、竹下を新しい主君と認めます。利害が共通しているのですから当然でしょう。以上、内政では勝負ありでした。

そして第五点は、国際関係です。田中角栄の権力掌握に東アジア国際政治の変動が大きく関係していることは前章の最後で述べました。すなわち、ソ連に対抗するために米国と中国が接近し、それまでアメリカ一辺倒だった自民党内にも親中国派が形成されます。福田赳夫のような親米派勢力は、田中を筆頭とする親中派に圧倒されます。当のアメリカもソ連との対抗上、中国との友好に腐心している時期です。日本の政界で何が起きていようが、見向きもしません。結果的に、中国の支持を誰が得るかによって、日本の権力者が決まっていたのがこの時代なのです。

田中の後ろ盾だった中国も、竹下に乗り換えます。竹下は外交では無理をせず米中等距離を装いますが、その本質が反米親中であったのは今や周知の事実です。

こうした背景があって、大蔵省は長い「田中角栄のくびき」からようやく脱することができました。しかし、大蔵省はあまりにも長い間政治に振り回されたため、真の意味での健全財政の考え方が歪みました。すなわち、健全財政とは政治の無制限の歳出拡大要求を排除することではなく、増税のことだという空気が支配していったのです。

7-2　竹下登の支配と大蔵省暗黒時代

竹下登の権力政治

大蔵省は、竹下派の後ろ盾で田中角栄色を払拭《ふっしょく》します。この時、吉野以下、大蔵省の悲願が達成されました。そして、田中角栄失脚後は、消費税導入に邁進《まいしん》することになります。昭和六十一（一九八六）年、衆参同日選挙で自民党は三〇〇議席を超える大勝をしました。勝利の立役者である金丸信は副総理に、後継幹事長には竹下登が就任しました。この選挙の勝利には、中曽根首相が選挙前に「大型間接税は導入しません」と宣言したことが大きく影響しました。なおこの時、中曽根は記者会見で「私が嘘をつく人間に見えますか。しっかり私の目を見てください」とまで付け加えています。記者団の間にはドッと笑いが起きました。

大蔵省は、この数の力で増税を実現しようとします。選挙に勝利するや否や中曽根は「売上税」の導入を打ち出し、しかも「これは大型間接税ではなく、新型間接税だ」と、まるで選挙時の約束が嘘ではないかのような物言いをします。しかし、当然のことながら世論の怒りを買い、地方選挙で自民党が軒並み敗北したことでこの案は葬り去られました。大蔵省は、ここでも挫折する結果となりました。吉野としては、中曽根首相は信用できず、宮沢喜一蔵相も頼りにならず、といったところです。そしてやはり、頼りになるのは前蔵相の竹下だと考えます。

任期が切れた中曽根の後継には、自民党最大派閥の長である竹下幹事長が就任します。

竹下登は、「気配りの政治」を掲げ、「汗は自分でかきましょう、手柄は他人にあげましょう」を口癖としていました。童顔の風貌と、孫でタレントのＤＡＩＧＯの影響で、竹下はおどろおどろしいイメージからは程遠いように思えます。また、田中角栄の小型版のように言われることがほとんどのため、アクの強い首相というイメージもありません。しかし、その田中角栄の絶頂期に真正面から喧嘩を仕掛けて派閥を乗っ取っているのが竹下です。そのイメージとはかけ離れた顔を持っているのです。

竹下内閣は、内閣支持率が一ケタ台になろうが、本人が辞めるというまで誰も倒せませんでした。退陣後も竹下は、自民党が野党時代を経験した十ヶ月を除いて、その権力を死ぬまで一度も手放していないのです。どうしてこんなことが可能だったのでしょうか。

それを端的に表すエピソードがあります。竹下が抱えていた疑惑を野党が追及しようとすると、竹下は突然、「あなたとも名刺を交換したことがありましたね」と答弁します。聞いている人は竹下の文脈を無視した発言に当惑しますが、質問者はしどろもどろになります。これはどういうことかというと、竹下は裏金を渡した相手とは必ず名刺を交換し、裏に金額を書き込むのを習慣にしていたというのです。こうして、あらゆる人たちの弱みを握ることが竹下の強みでした（竹下の壮絶な人生と、恐怖政治的な手法に関しては、岩瀬達哉『われ万死に値す』を参照）。

では、この竹下と大蔵省の関係はどうだったのでしょう。象徴的なのが、昭和六十三年六月十日夜のやり取りです（以下、川北隆雄『大蔵省』一〇三頁）。吉野次官は西垣昭《あきら》主計局長と水野勝《まさる》主税局長を連れて竹下私邸を訪れ、財政均衡の観点から「消費税五％」を直訴しました。しかし竹下は「政治的配慮で三％」と却下します。これは、いかに竹下が大蔵省の利益代表であっても、吉野らが操ることはできなかったことを示しています。様々な勢力の思惑を読み、十分な根回しはするのですが、落とし所を決めたらそれに異論を挟ませないのが竹下の手法です。単なる「気配りの政治」ではありません。対立する勢力の利害を調整して君臨する――これは、まさに権力政治家の条件です。

それでも、竹下は大蔵省にとって頼りになる政治家です。この時の消費税導入は、所得税減税と合わせ、占領期シャウプ勧告以来の税制改革でした。大蔵省は、竹下に大きな借りを作ってしまいました。

しかも日本はバブル経済絶頂期であり、恒久的増税といっても、国民にはまだ許容できる内容でした。

竹下に逆らえる者はいなくなった

昭和六十三年クリスマス、消費税法案が可決しました。大平内閣での失敗以来、大蔵省にとって十年越しの悲願です。その時、政界は当時一大スキャンダルとなった贈収賄事件であるリクルート事件で揺れていました。それでも、竹下は消費税増税を押し通したのです。すなわち、疑獄事件で世論の批判を浴びながら増税を強行するという驚天動地の出来事が起きたのです。竹下の権力の強さがこれだけでもわかるでしょう。

元号が平成と改元された翌年四月、消費税は導入され、竹下は予算と引き換えに退陣表明をします。政官界の中で唯一、竹下内閣に反旗を翻していたのが検察です。検察のリークに力を得たマスコミは連日のように政界腐敗を攻撃し、竹下を退陣へと導きました。内閣は総辞職します。事情通は「検察恐るべし」と感じ、マスコミは世論の力を鼓舞します。

ただし、実は、この内閣総辞職こそ竹下の仕掛けた罠でした。マスコミが標的を失っている間に、竹下派は態勢を立て直していたのです。そして竹下は、宇野宗佑・海部俊樹・宮沢喜一と、次々と傀儡政権を打ち立てます。特に宇野や海部は弱小派閥の出身で、しかも領袖ではなく幹部にすぎませんでした。そんな宇野や海部が首相になれたのは、竹下とただ単に個人的に親しいからという理由だけでした。

最大派閥である竹下派の支持がなければ、政権は一日たりとももちません。事実、海部はクリーンなイメージで過半数割れが危ぶまれた自民党を大勝に導きましたが、「政治改革」の機運に乗って独立的傾向を示したので、首相のクビはすぐに宮沢に挿げ替えられてしまいました（海部内閣は竹下派の支持を失うと、本当に三日で退陣に追い込まれました）。

この間で特筆すべきは、海部・宮沢内閣で、竹下は四代続けて法務大臣を押さえていることです。その人物とは、長谷川信、梶山静六、左藤恵《めぐむ》、田原隆の四人ですが、特に梶山と田原は竹下の腹心です。また、法務検察の掌握に最も力を発揮したのは梶山で、岡村泰孝検事総長と根來泰周《ねごろやすちか》事務次官と合わせて「ＫＯＮトリオ」を組みます（根來は後に、近鉄バファローズの身売りに端を発し、あげくは史上初のプロ野球選手のストに突入したプロ野球球団再編問題の際のコミッショナーとして有名になります)。

リクルート事件で竹下内閣に徹底抗戦した吉永祐介検事総長など現場派の人々は、根來の総長就任を阻止するなどの抵抗は示しますが、徐々に検察も竹下派に侵食されます。そして、もはや竹下に逆らえるものはいなくなります。

大蔵省の話から横道にそれたと思われるかもしれません。しかし、この時の竹下派の動きが、後に大蔵省にとっても、日本国民にとっても致命傷となるのです。誰も気づかないところで世の中を動かす――田中角栄が「闇将軍」などと毎日のようにマスコミを賑わせて叩かれたのと違い、竹下は本当に闇に潜りながらこの国を牛耳っていたのです。

小沢一郎の反逆と斎藤次郎の敗北

さて、絶対無敵の権力を誇る竹下登に逆らい、一時的とはいえ勝利した人物がいます。それが小沢一郎です。小沢は竹下派を追い出されたのを逆用し、政治改革を旗印に宮沢内閣不信任案を可決させて自民党を脱党、新生党を結成して総選挙で細川護熙《もりひろ》・非自民連立政権を樹立しました。平成五(一九九三)年のことです。

ただし、この連立内閣の権力構造は歪《いびつ》でした。細川ら各党党首が大臣として入閣したにもかかわらず、小沢ら党側幹部は「代表者会議」を開き、小沢一郎新生党代表幹事と市川雄一公明党書記長との「イチイチライン」で政策が主導されたのです。

小沢が頼りにしたのが、斎藤次郎大蔵次官です。小沢は、現役大蔵次官である斎藤の支持を得たからこそ、この一連の政変で勝利できたのでした。しかし小沢への支持は、大蔵省としても大きな賭けでした。

斎藤は早くから「十年に一度の大物次官」と言われていました。森永貞一郎からはじまる「ドン中のドン」の系譜に連なる人物だと衆目の一致していた逸材です。ちなみに斎藤は、「デンスケ」の愛称で知られた豪快な人物でもありました。マージャンで上がるときに「デーン！」と叫ぶからこの渾名がついたと言われますが、仲間からは親しまれた様子が窺えます。

さて、斎藤は、バブル経済の引き締めと緊縮財政を主張します。そして、消費税廃止と国民福祉税の導入を細川首相に声明させました。実質は消費税の七％への値上げです。バブル経済の余波が残るうちに国債を償還し、福祉財源を確保しようと目論んだようです。

しかし、斎藤は大きく判断を誤りました。斎藤がこれを打ち出した平成六（一九九四）年、バブル好況はとっくに泡と消えてしまっていたのです。

後に一九九〇年代（平成二～十一年）は「失われた十年」と表現されることとなりますが、その原因は二つに集約されます。一つは、土田正顕《まさあき》銀行局長（斎藤の同期で最後まで次官の座を争った）による総量規制です。当時は土地価格が高騰し、「東京二十三区でアメリカ合衆国が買える」と言われた異常な時代です。土田はこれを危惧し、「土地の価格を半分にする」との通達を発したのです。これが「総量規制」です。しかし、一片の銀行局長通達で日本中の土地の値段が半額に、つまり日本人の財産の半分が失われたのです。これで経済が悪くならないはずはありません。土田の手法はあまりにも乱暴でした。

もう一つは、三重野康《やすし》日銀総裁のハードランディングです。三重野は急速な金融引き締めにより過熱したバブル景気を減速させ、これがその後の長期デフレにつながります。三重野は当時こそ「平成の鬼平」などと持て囃《はや》されましたが、その後の長期不況で評価は低下しました。いずれにしても、斎藤が財政再建路線を打ち出した時には、とっくに危機は進行していたのです。斎藤は景気が良いうちに小沢の政治力を使って増税をしようと考えていたのでしょうが、そんなことを言いだせる状況ではなくなっていたのです。

細川内閣退陣の背景

そして、小沢は思わぬ形で失脚します。その理由は、彼らが支えた細川首相が突如として退陣表明をしたからです。この頃は野党自民党が細川首相の政治献金疑惑を追及した最中だったので、内政は大混乱します。しかし、退陣の真の理由は、国際問題でした。斎藤はこの面でも不運でした。

この時に細川首相の側近だった小池百合子議員は、北朝鮮問題こそが細川首相退陣の真の理由だったと記します（『正論』平成十四年七月号）。北朝鮮の核開発を阻止しようとしていたアメリカのクリントン大統領は、空爆を考えていました。細川首相や小沢代表幹事は協力の方針でしたが、竹下と通じた武村正義官房長官が反対し、官邸は意思決定ができない状態に陥っていました。

結局、細川がこの危機から逃げたために小沢は羽田孜《つとむ》内閣で非自民連立を続けますが、武村や社会党は離脱して野党自民党と手を結びます。そして、政権は再び自民党に戻ります。自民党が社会党を首班に担いだ村山富市内閣で武村は蔵相の地位を得ました。細川への疑惑追及から政権奪還工作の一連の政争で陣頭指揮をとったのは、竹下の最側近の野中広務です。すべての筋書きを書いたのは、もちろん竹下です。

北朝鮮の核ミサイル開発で困るのはアメリカよりも日本のほうですが、当の日本がやる気を見せなかったことでクリントンは空爆を断念しました。以後、クリントン政権（一九九三〜二〇〇二）は、「ジャパンパッシング」と呼ばれる中国重視政策を採り、日本のことを歯牙にもかけなくなります。

日本国内の親米派は逼塞《ひっそく》し、小沢一郎は政界の孤児として迷走していきます。小沢と組んで竹下に対抗しようとした大蔵省は無残にも賭けに敗れました。

平成六年の社会党首班の村山富市政権を皮切りに、竹下は子飼いの橋本龍太郎と小渕恵三を次々と政権に据えます。竹下は内政においては絶頂期の田中角栄を凌駕《りょうが》する権力を持っているため、日本国内で逆らえる勢力はいません。他方、国外に目を向けても、親中派の竹下は中国にとって都合のよい存在であり、アメリカも大統領が親中政策を採っているため、竹下の姿勢は何の問題ともされません。

「失われた十年」の九〇年代は、竹下が権力を恣《ほしいまま》にした期間です。不幸な時代です。

さて、竹下に逆らった斎藤次郎の運命はどうなったでしょうか。

竹下の復讐

非自民連立政権で権勢を誇った斎藤次郎とその徒党は、無残な末路をたどります。竹下派は大蔵省に、静かにかつ露骨に復讐を開始しました。

この頃は、ちょうどバブル崩壊に伴う不況が一般国民の間にも実感として押し寄せていました。そんなとき、監督業界からの大蔵官僚への過剰接待が明らかになったため、世論は大蔵省に対するバッシング一色になります。

その結果、まず斎藤が、二年はやるであろうと考えられていた事務次官を全うせずに退職しました。「十年に一度の次官」の天下りコース、東証理事長も日銀総裁も、どちらの道も閉ざされます（なお、小沢一郎が民主党を率いて政権を奪還した平成二十一年、日本郵政社長に就任しました）。

斎藤以後の事務次官は、異様に短い任期の時代が続きます。斎藤こそ一年十一ヶ月でしたが、篠沢恭助は七ヶ月、小川是《ただし》は一年六ヶ月ですが、小村武に至っては六ヶ月です。

小村が極端に短い任期だったのは、深刻化する金融破綻の処理を巡り橋本首相の不興を買ったのが理由ですが、実際は「斎藤組」と言われる、斎藤の側近の一人だったからです（岸宣仁『財務官僚の出世と人事』）。それでも次官になれた小村はまだ良い方で、涌井洋治、田谷廣明、杉井孝は、次々と退職へと追いやられました。涌井と田谷の退職は、そのあまりにも露骨な過剰接待が理由とされました。涌井は、主計局長でありながら次官になれなかった戦後四人目の人物となります。確かにバブル期の大蔵官僚の腐敗は常軌を逸するのですが、それでも主計局の人脈を中心とした「斎藤組」だけが狙い撃ちにされたのは、明らかに恣意《しい》的です。こんなことができるのは竹下しかいません。

主計人脈を粛清するのと逆に、竹下が重用したのが主税畑です。

斎藤の前の次官の尾崎護は、消費税導入の時の主税局長です。先に紹介した小川是は蔵相秘書官及び首相秘書官として竹下に仕え、常に尾崎の下で主税畑を歩んだ消費税のエキスパートです。涌井を排除して小村の後の次官に就任した田波《たなみ》耕治は、報道では内政審議室長からの異例の登用とばかり強調されました。それだけ涌井の過剰接待報道の印象が強かったのですが、実はこの田波も竹下蔵相秘書官を経験しています。その次の薄井信明は竹下派の影響があった最後の次官ですが、彼も消費税導入時の主税局税制第二課長です。しかも、経済学部出身の異例の次官です。

自分に逆らった斎藤主計人脈は世論をも追い風にして徹底的に痛めつけ、消費税導入に尽力した主税畑を登用する。まさに信賞必罰です。

大蔵省にとって、田中角栄時代とは比較にならない暗黒時代の到来でした。

絶体絶命の危機

さて、この時期に出版された話題作があります。それは、テリー伊藤の『お笑い 大蔵省極秘情報』です。この本は、売れっ子テレビプロデューサーのテリー伊藤が大蔵官僚に匿名《とくめい》でインタビューし、彼らの本音を探ろうとする内容でした。「国民はバカだ」「政治家は怖くない」「カラ出張や銀座豪遊でも、我々は格が違うので一円も自腹を切らない」などといった、大蔵官僚たちのあからさまで不遜な発言は多くの読者の反感を買いましたが、それと同時に、彼らの本音を見事に世に伝えたものだと評判にもなりました。

また、今から思えば、その後の大蔵省を予言するかのような気になる発言もありました。その発言とは、「竹下は怖くない」「検察は我々に百年逆らえない」「橋龍は扱いやすいバカ」「大蔵省の名前は永遠に変わらない」といったものです。この本は平成八年刊行ですが、その後、あたかもこの発言が契機となったかのように、時の権力者から復讐されているのです。証券不祥事発覚では検察は主計局にまで家宅捜査を行い、橋本行革で大蔵省は財務省へと改名を強要されました。

竹下の検察掌握は既に記した通りであり、橋本首相は竹下の側近です。大蔵省は組織として、絶体絶命の危機に追い詰められていきます。

日銀総裁人事と国際政治の文脈

東大法学部から大蔵事務次官へと、エリート中のエリートのコースを登りつめた人にとっての最大の自己実現とは、その天下り先が「ドン中のドン」としてふさわしいものかどうかです。

斎藤次官の任期中、日銀総裁の人事が持ち上がります。下馬評では「山口組のドン」こと山口光秀と、「ワル野ワル彦」こと吉野良彦が有力視されました。二人のイニシャルから「YY戦争」などとも言われました。

もしこの時に吉野が一言でも「自分が日銀総裁に就任する」と宣言すれば、何の問題もなく決まったでしょう。吉野は「田中角栄のくびき」を払って消費税を導入した、近年まれに見る大蔵省の功労者だからです。

ところが、吉野は日銀総裁の椅子を固辞します。吉野の固辞はポーズではなく本気でした。外国嫌い、金融嫌いの吉野にとって、日銀総裁というポストはプライドが許さなかったようです。「財政一筋」「主計の職人」として生涯を終えたかったのは間違いないでしょう。日銀総裁となれば日常的に国際会議に出なければなりませんが、英語が苦手な吉野は「付け焼刃の英会話で恥をかくのは嫌だ」と思っていたようです。

これに困り果てたのが、現役次官の斎藤でした。

逆に、OB間に最大の人脈網を持つ山口の支持者は、要所に猛烈な運動をします。「本人も英会話の勉強を始めた」などという噂が漏れ伝わるなど、次期日銀総裁をめぐる争いは過熱化していきます。

結局、日銀総裁はOBたちの裁定により、山口と吉野の二人の先輩の松下康雄に決まりました。山口光秀は東証理事長となります。

繰り返しますが、「ワル野ワル彦」こと吉野良彦は自他ともに認める財政の職人であり、筋金入りの宴会嫌いで有名でした。彼が次官を務めた時代、特有の過剰接待などとは無縁の、清廉潔白な人物と目されていました。

吉野が田中角栄のくびきと戦う中で培われた「増税による財政再建こそが天下国家のためだ」との信念は本物だと認めてよいでしょう。そして吉野は、竹下登と組んで田中角栄のくびきから脱し、竹下の政治力で消費税は実現しました。

しかし吉野の悲願であった消費税導入は、竹下登の権力を強化する作用として働きました。これは国際政治の文脈では、田中時代以上に親中派が日本で勢力を伸ばしたことを意味します。さらに、吉野の弟分の斎藤が政治との関係を誤ったことで、問題は深刻化しました。北朝鮮の核開発を許し、日本国民がミサイルの恐怖に怯えて暮らさねばならなくなったのも、この時代です。

竹下登の支配下で国民は不幸となるのですが、大蔵省もまた暗黒時代を迎えます。

第7章のポイント

1 大蔵省は田中角栄打倒と消費税導入で、竹下登に巨大な借りを作ってしまった。

2 国民福祉税は、バブル崩壊と北朝鮮危機という最悪のタイミングで打ち出された。

3 斎藤次郎が竹下登に負け、大蔵省は竹下派に徹底的に痛めつけられた。

第8章

平成と未来の日本

財務省は「伝統」に目覚めるか

1997-2011

8-1　ポスト竹下をめぐる抗争と小泉以降の混迷

悲劇の次官・武藤敏郎

大蔵省の暗黒時代は続きます。本章の重要人物である武藤敏郎元次官は、インタビューで次のようにしみじみと答えています（岸宣仁『財務官僚の出世と人事』一七六〜一七七頁）。

「かつての亡霊みたいな財務省に、ある意味恐れおののいているようなところもあるし、まだまだ力があると思っている。……（略）……われわれが本当に強かったら、日本の財政なんてこんなふうになっていませんよ。国、地方合わせて八百兆円の借金なんてね。要するに主計局は、常に敗戦、敗北の歴史です、僕に言わせれば。政治と闘って勝ったためしはないんじゃないの、正直な話…（略）…」

武藤は、「花の四十一年入省」と呼ばれる昭和四十一（一九六六）年入省です。同期には、国会議員となった中山成彬《なりあき》・恭子夫妻の他、阪田雅裕《まさひろ》・内閣法制局長官をはじめ、森昭治・

金融庁長官や、佐藤謙・防衛、久保田勇夫《いさお》・国土、岡田康彦・環境、松川隆志・北海道開発といった、他庁の事務次官を輩出しています。その人材揃いの中で武藤と出世の最前線を競ったのが、長野厖士《あつし》と中島義雄です。この三人は、「智謀の長野、行動の中島、バランスの武藤」と評されました。

しかし、本書の第6章以降で述べてきた、「大蔵省・大蔵官僚は、政治と闘って勝ったためしはない」という歴史は、そのまま武藤の大蔵官僚人生と重なります。

村上孝太郎の財政硬直化打破キャンペーンがあえなく失敗し、その後、田中角栄が無制限の歳出膨張圧力で高度成長の遺産を食い潰したことは前述しました。そして、消費税でしか、日本の財政を解決できる道はないと思いつめるに至った吉野良彦は竹下登の軍門に下り、さらに斎藤次郎の敗北で竹下派支配が強化された様子も見てきました。つまり、村上・吉野・斎藤といった有能な国士官僚であっても、田中角栄や竹下登といった政治家に敗北を喫してきたのであり、それが武藤入省以来の大蔵省の歴史なのです。

しかも、武藤の同期の長野は証券スキャンダル（証券業界との癒着で幹部が逮捕された）で、中島は過剰接待スキャンダルで大蔵省を追放されました。また、誇りあるエリートである大蔵省の高級官僚が「ノーパンしゃぶしゃぶ」という、その名の通り、解説の必要もない下品な営業形態の店で民間人から接待を受け、便宜供与をしていた――こういった乱脈を極めた事実が次々と公表されるにつれ、バブル崩壊後の不況で苦しむ国民は反発し、激昂しました。ちなみに、接待の舞台となった「楼蘭」という店の顧客名簿には、福井俊彦日銀副総裁（後に総裁）や羽毛田信吾厚生省老人保健福祉局長（後に次官、現宮内庁長官）の名前はありましたが、武藤官房長の名前はありませんでした。

「失われた十年」における最悪の年

日本経済が崩壊していく「失われた十年」の中でも、最悪の年が平成十（一九九八）年でした。その前年以来の大蔵省の布陣は、小村武次官・涌井洋治主計局長・武藤官房長です。彼らは不況の悪化と比例するかのように、次々と噴出する大蔵省のスキャンダルに追われました。

そして、竹下登を後ろ盾とする橋本龍太郎内閣の下で混乱に拍車がかかります。

まず一月、前章で触れたように小村大蔵次官が橋本首相の逆鱗に触れて辞表の提出を強制されました。小村はわずか半年の在任で、田波耕治に譲ります。田波は内政審議室長という閑職からの横滑りで、前代未聞の人事によって次官に就任します。本来であれば、主計局長が昇格するという人事――つまり、湧井洋治の昇格――となるはずが、涌井の醜聞がひどすぎたため、昇格は見送られたのです（翌十一年に涌井は、石油商から美術品などの贈答を受けたとされる「泉井事件」で退官に追い込まれ、戦後四人目の「次官になれなかった主計局長」となりました）。

さらに三月、大蔵省・日銀への過剰接待スキャンダルで、元大蔵次官の松下康雄日銀総裁が任期を一年残して退陣に追い込まれます。事実上の放逐です。橋本首相は後任総裁として、日銀プロパーの中から速水優を選びます。

そして四月一日、日銀に独立性を認める改定日銀法が施行されました。これが悲劇を生みます。さらにこの年は、前年に実施された消費税の三％から五％への引き上げにより、名目GDPが前年度比マイナス二％の五〇三兆円へと一九兆円もダウン、肝心の税収も毎年減少していく起点の年となります。平成十年度の税収は前年度より四・五兆円減の四九兆四〇億円に落ち込みます。

前年の平成九年まで、日本の自殺者は二万人台でしたが、平成十年以降は三万人台に突入します。これを消費税との関連のみでみれば、消費税を一％上げると自殺者が五千人増える計算になります。

「失われた二十年」へ――

平成十三（二〇〇一）年から平成二十三（二〇一一）年までの日本の物価上昇率は、（コアCPIで見ると）見事に〇〜マイナス一％の間に収まっています。もちろん、これは偶然ではあり得ません。日本銀行が意図的に必要な量のお札を刷らなければ、日本の物価上昇率を抑えることができるのです。いうなれば、デフレターゲットです。この結果、日本は深刻なデフレ不況に突入します。

改定日銀法は、橋本首相の私的諮問《しもん》機関である中央銀行研究会（座長・鳥居泰彦慶応義塾大学塾長）の主導で行われましたが、大蔵省が組織的抵抗力を失っていたその時、まさに「失われた二十年」が用意されたのです。

この平成十年六月には大蔵省から銀行局などが分離し、金融監督庁（現・金融庁）が設置されます。金融関係のスキャンダルの続発で「財政と金融の分離」が錦の御旗のようになり、世論と政治の圧力に大蔵省は抗しきれませんでした。

この時、通産省出身の江田憲司・首相秘書官は「橋本内閣の森蘭丸」などと呼ばれるほどの権力を振るい、数々の政策を推進しました。その最大のものが省庁再編で、大蔵省に財務省への改名を強要したことから、大蔵省関係者に「三回殺してもあきたりない」とまで言わしめました。

しかし、これらは表層的な話にすぎません。大蔵省が心底恐れたのは、「歳入庁」構想でした。この構想は、大蔵省から国税庁を分離して、社会保険庁と合併させようというものです。つまり、大蔵省から予算編成権と並ぶ権限である徴税権を取り上げようというのです。江田は、竹下登の名代として政権を取り仕切っていた野中広務自民党幹事長代理と組み、大蔵省解体を目指したのです。武藤官房長の至上命題は、これの阻止でした（岸宣仁『財務官僚の出世と人事』七四頁）。

こうした武藤の行動は、もちろん、政治の圧力を受けます。実際、武藤自身もあやうく失脚しかけました。しかし、一連のスキャンダルの責任を取る形で、自らを大臣官房総務審議官（官房長就任以前のポスト）に格下げするという異例の方法で難を逃れることができました。ところが、大蔵省としては政治の圧力をかわすために、財務省改名・金融監督庁分離・日銀独立は受け入れざるを得ませんでした。

このように、平成十年という年は経済史では金融危機の年として語られることが多いのですが、この危機に際し、日本はまともな対処ができないどころか、さらに深刻な事態に突入していくことになります。組織解体の危機に瀕していた大蔵省には、なす術《すべ》がありませんでした。たまたま七月の参議院選挙敗北で橋本首相が退陣したから助かったものの、もしそれがなければ大蔵省はどうなっていたかわからないほどの危機に陥っていたのです。

さて、転機が訪れます。小渕恵三内閣になっていた平成十一年四月、竹下が入院します。その半年後、小渕内閣の内閣改造で異常事態が発生します。内閣の番頭役である官房長官に、参議院議員の青木幹雄が就任したのです。

参議院議員からの官房長官就任は極めて異例です。学生時代から竹下の秘書を務めた青木は、野中以上の竹下側近です。病気の竹下が自分の権勢を維持するため、代理人として青木を表舞台に送り込んだのでした。

ただし、青木は大蔵政務次官を務めて以来の「大蔵族」議員です。大蔵省にとっては身内のような政治家です。風向きが少し変わり始めました。

平成十二年五月の小渕死去に伴う森喜朗内閣でも、青木は官房長官に留任します。竹下も翌月、追うように死去しました。ここで、ポスト竹下をめぐる権力争奪が勃発します。

小泉純一郎、奇跡（？）の圧勝

竹下死後の跡目をめぐり、野中広務と青木幹雄は激しく対立します。自民党最大派閥の分裂は、永田町全体に広がります。また、青木と野中の対立は単なる人間関係のもつれにとどまらず、政策全般に関わってきます。対外政策では、それまでの親中政策を継続しようとする野中に対し、青木が親米政策に転換しようと挑む戦いです。まさに、米中代理戦争です。

二人の親中国派の政治家、田中角栄と竹下登によって三十年間も痛めつけられてきた大蔵省は、この権力構造の変動を見逃しませんでした。

大蔵省が正式に財務省と改名され、アメリカでブッシュ共和党政権が誕生した平成十三（二〇〇一）年、支持率低下に悩む森首相は退陣しました。世間的には、特に何の成果も上げられないまま退陣に至った短命政権です。しかし、これは森が満を持して退陣したとも言えます。その証拠は、長らく森の弟分的立場にいた小泉純一郎が後継総理に就任したという見過ごせない事実です。

総理就任時の小泉陣営の演出は見事でした。自民党最大派閥を引き継いだ橋本龍太郎元首相に対し、小泉は国民の声だけを信じて巨大な敵に戦いを挑む。その結果、世論の圧倒的な支持を得て、地滑り的な勝利を獲得した。勝てるはずのないマフィアのような巨大な抵抗勢力に立ち向かい、改革を推し進めた――。当時も今もこのようなストーリーで語られることが多く、それを信じて疑わない人も多いのですが、ここで冷静に、当時の小泉と橋本の権力の源泉を比べてみましょう。

第一に、自民党内の勢力図です。小泉は、表向きは派閥離脱を宣言しますが、自民党総裁選の直前まで肩書は「森派会長」でした。また、加藤紘一・山崎拓とYKKトリオを組んでいたことからもわかるように、三人の派閥を合わせると基礎票は最大でした。小泉はこの百人を超える勢力を軸に、自民党内を切り崩していきます。その結果、国会議員の間では小泉陣営になびく雪崩現象が起きました。

それに対して橋本は、旧竹下派こと橋本派も、野中と青木の対立でまとめきれません。さらに、橋本派の盟友派閥である堀内派も分裂します。現職幹事長の古賀誠こそ野中とともに親中派の中心人物で橋本を支持しますが、領袖の堀内光雄は小泉陣営に馳せ参じます。つまり、橋本派は基礎票すら切り崩される惨状だったのです。

第二に、参議院の勢力関係です。これまで竹下派が常に強かったのは、参議院を押さえていた、つまり多数派として君臨していたからです。竹下の号令を青木が通達すれば、全員が右へ倣うという状態でした。ところが、青木は橋本のためには動きません。むしろ青木は、小泉を支持するかのような動きをします。そもそも森内閣で官房長官を務めた青木は、森の兄貴分であり身内中の身内だったのです。

第三に、官庁の動きです。青木も小泉も、筋金入りの大蔵族です。一方、橋本や野中は、竹下の威光をかさにきた大蔵省叩きの中心人物でした。これを時の財務事務次官、武藤敏郎は肌で知っています。大蔵省から見れば、青木を通じて小泉を担ぎ、橋本・野中に復讐をしようとしていたのが、この時の自民党総裁選挙なのです。

第四に、国際情勢です。「小泉・青木vs.橋本・野中」の構図は、米中代理戦争そのものでした。そしてアメリカは、ブッシュ共和党現政権人脈がクリントン民主党旧政権路線を掃討しようとし、小泉を支持しました。流れは明らかに小泉にきていました。

第五に、世論です。不況を続けてきた旧竹下派を弾劾し、その利権を改革しようとの旗印を掲げる小泉を、世論は熱狂的に支持しました。そして橋本や野中は、改革を阻止しようとする「抵抗勢力」のレッテルを貼られます。

こうした一連の動きを丁寧に見ていけば、小泉圧勝は奇跡などではなく、むしろ勝つべくして勝っていることはわかると思います。

前述した五つの理由に後押しされ、自民党総裁選挙と衆議院総選挙に二度ずつ勝利した小泉内閣は、五年を超える長期政権となりました。

小泉政権の二つの大きな成果

この五年五ヶ月の間に、小泉は何をしたのでしょうか。大きな成果は二つあります。

その一つは、対米関係が極めて安定したことです。日米安保条約に基づく同盟関係が、それ以後のどの内閣よりも強固だったのは周知の通りでしょう。そして、昭和五十一（一九七六）年成立の福田内閣以降、すべての内閣が田中角栄・竹下登という親中政治家の影響力下にあったので、小泉政権の誕生というのは、二十五年ぶりの親米政権が誕生したことを意味しています。

もう一つは、景気が回復軌道に乗ったことです。小泉政権といえば郵政三事業の民営化ばかりが注目されますが、「失われた十年」と呼ばれた長期不況からの脱却という重要な事実を見逃してはなりません。しかし、この景気回復は中途半端な形で最終的に挫折しました。そして、日本は結局、「失われた二十年」へと突入し、今となっては「失われた三十年」に突入するかのような未曾有の経済危機に見舞われています。

小泉純一郎といえば、平均在任年数一年で退陣する平成の首相の中で唯《ただ》一人、五年五ヶ月に及ぶ長期政権を築いた強い首相です。その強い首相がなぜ挫折したのでしょうか。
その前に、小泉内閣が景気を回復軌道に乗せた理由を考えてみましょう。答えは簡単です。小泉は、日銀の福井俊彦総裁に自分の言うことを聞かせることができたからです。中央銀行の最も重要な役割は、通貨供給量をコントロールして物価を経済成長に必要なマイルドインフレ状態にすることです。国民の圧倒的支持を背景に選挙に勝利し、長期政権を築く勢いの小泉総理に逆らったら、何をされるかわかりません。このため、福井は小泉内閣の金融緩和政策に同調したのです。

この小泉内閣で、武藤は二年六ヶ月間という次官最長在任に達します。在任中に大蔵省は財務省に改名されたので、武藤は最後の大蔵事務次官にして初代財務事務次官です。武藤は平成十五（二〇〇三）年に財務省を退官すると、日銀副総裁に天下りしました。将来の総裁への含みです。この頃から中興の祖とも言うべき武藤は、「ミスター財務省」と呼ばれるようになります。

小泉内閣は一貫した高支持率のうちに、安倍晋三に政権を譲りました。安倍は小泉後継のプリンスとして衆目の一致する人物でした。そして、自民党総裁選挙でも圧勝しました。

安倍晋三が背負わされた運命

ところが、小泉の権力基盤を引き継いだはずの安倍内閣は、短命弱体政権に終わります。安倍内閣は「戦後レジームからの脱却」を掲げます。「戦後」とは本書では第4章以降の時期を指します。もはや日本が国名ではなく地名にすぎなくなった時代、米ソ中といった超大国の思惑に翻弄された時代です。第7章以降の時期の日本は、米国陣営に属しながら、親中国派の実力者が日本を支配するという歪んだ政治を続けてきました。小泉政権により、それがようやく軌道修正されました。安倍はそういった歪みを完全是正し、親中派勢力を一掃しようとしたのです。

ただし、安倍はあれもこれも一気に行おうとして失敗しました。特に公務員制度改革の問題では、財務省を含む全官僚機構を敵に回してしまいます。ちょうどアメリカでも、ブッシュ大統領はアフガニスタンに加えイラク戦争の泥沼に足を取られ、小泉時代のように日本の親米派を重視するなどという政策を採る余裕がなくなっていました。

安倍自身も参議院選挙で大敗し、ほどなくして退陣に追い込まれます。後継の福田康夫内閣は敗戦処理に追われることになりました。

ここで、小泉内閣で回復した景気が挫折した理由に触れましょう。

景気回復の原動力が金融緩和にあったことは前述しましたが、日銀の福井総裁は小泉退陣が規定路線となった絶妙のタイミングで政権を裏切り、量的緩和という金融緩和政策を解除し、その後二回も政策金利を引き上げたのです。これに対して、小泉にはなす術がありませんでした。この時、かつて財務省叩きのために改定された、日銀の独立性を認める日銀法が壁になったのです。すなわち、福井が政権に従順だからと、そのまま放置しておいた日銀法によって小泉は何もできず、福井は金融緩和を止めてしまったのです。景気が再び悪化したのはこのためです。

言い換えれば、安倍内閣は政権当初から不況と不人気を引き受けざるをえない運命を背負わされていたというわけです。

8-2　日本銀行の独立という悪夢

日本銀行の歴史

本書で、ここまで特に問題にしてこなかった日本銀行が、突如として重要な勢力として描かれることになります。絶大な人気を誇ったまま後継者の安倍晋三への禅譲を果たしたと思われている小泉に対し、なぜ露骨な裏切りができたのか。その背景を知るためにも、まずはここで、日銀の歴史を簡単に振り返っておくことにします。

日本銀行は明治十四（一八八二）年、松方正義蔵相のイニシアチブで創設されました。日本経済を近代化するのには金融機関が重要であるとの松方の信念で、「銀行の銀行」としての日本銀行が設立されました。「銀行の銀行」とは、「銀行にお金を貸す銀行」というのが本来の意味です。

日銀というのはもともと、大蔵省の下部機関として始まりました。霞が関の官僚用語を用いれば、これまで大蔵省は「宗主国」、日銀は「植民地」と呼ばれていたことからもわかるように、権限や人事の面で、日銀は大蔵省に頭が上がらない存在でした。

日銀の存在感が急速に高まるのは昭和十年代です。第３章で詳述した馬場財政への対抗から、大蔵省は財界や日銀との「抱合財政」を推し進めます。「抱合」とは、要するに大蔵省主導による一致団結です。その背景には、戦時体制下で日本軍による大陸進出が拡大するにつれ、現地での貨幣の取り扱いが増えるなど、金融政策の比重が飛躍的に高まったという事情がありました。

敗戦後、日銀は大蔵省と微妙な距離感を保ち続けます。アメリカ占領軍に取り入って権勢を振るった一万田尚登《いちまだひさと》日銀総裁などは「法王」とまで呼ばれ、歴代蔵相は就任の挨拶に必ず一万田を訪れたそうです。ただし、占領が明けるとその権勢には陰りが見え、徐々に大蔵省優位が回復します。

高度成長期に、日銀が池田内閣や大蔵省の路線に反発しつつも押さえ込まれていった様子は、第５章で見た通りです。

また、第６章で、田中角栄によって大蔵省が無原則な財政拡大を強いられた話をしました。この時、日銀も、政権によりインフレ時における過剰な通貨供給や公定歩合引き下げなどを飲まされ、狂乱物価と呼ばれる悪性インフレを招いてしまいました。このため、当時、日銀のプリンスだった佐々木直《ただし》総裁の権威は地に落ちました。

ちなみに、白川方明《まさあき》・現総裁はまさにこの時代、昭和四十七（一九七二）年の入行です。田中角栄の放漫政策と石油ショックこそが、「金融緩和は悪、政治介入の排除こそが善」という固定観念をこの世代の人たちに植え付けてしまったのです。現在の白川総裁以下、日銀プロパーの人たちが、「お札を刷るなんてとんでもない」という価値観に縛られているのは、こうした背景があると考えるとわかりやすいでしょう。

大蔵省からの「悲願の独立」

一方、大蔵省との関係では、悪性インフレを招いてしまった佐々木総裁の交代を期に、日銀には重要な変化が訪れます。日銀総裁の任期は五年ですが、佐々木の後任に森永貞一郎元大蔵次官が就任し、それ以降、日銀生え抜きと大蔵次官出身者が交互に総裁を務める「たすきがけ人事」が慣行化するようになりました。

森永は大蔵省の「ドン中のドン」です。その森永は、狂乱物価に対応するために日銀総裁に就任したのです。いわば、経営不振に陥った会社の首脳を更迭し、本社やメインバンクから人材が派遣されて辣腕《らつわん》をふるうという構図が日本銀行で起きたのです。

その森永は、自分の後任を大蔵官僚とはせず、日銀生え抜きの前川春雄を据えます。この時の森永の判断は、このまま大蔵官僚が日銀総裁の椅子に座り続ければ、「日銀マンの士気に関わる」ため、この措置をとったといわれます。これ以来、総裁と副総裁を、日銀の生え抜きと大蔵省出身者で分け合うことで、たすきがけ路線を定着させたのです。

要するに、日銀は大蔵省に〝情け〟をかけられたのです。情けをかけられた側の日銀は屈辱を感じ、この後、大蔵省に対する復讐の機会を常にうかがうようになります。

さて、石油ショックが回復し、日本はバブル期を迎えます。この時代、日銀も大蔵省も、風紀は乱脈を極めました。このバブル経済を潰したのが、前章でも触れた日銀プロパーの三重野康総裁です。繰り返しますが、バブル期は土地の値段が異常に高騰し、「東京二十三区でアメリカ合衆国が買える」などと言われたほどでした。そこで三重野は、土地価格の抑制のために金融引き締め政策を割り当てるという愚策を推進します。

この当時、三重野は「平成の鬼平」などと賞賛されました。しかし、金融引き締め政策の度が過ぎていたため、「失われた十年」に突入してしまったのです。ところが世間での評価とは裏腹に、日銀内での三重野の評価は極めて高いままです。石油ショック以来、日銀では

「あらゆるインフレは悪」という固定観念が染み付いているため、バブル経済など苦々しい現象に他なりませんでした。

三重野の後任総裁には第7章で記したとおり、大蔵省「YY戦争」の果てに松下康雄が就任します。ただし、行内では三重野は隠然たる影響力を保持します。一方、松下は、日銀への過剰接待事件の責任をとる形で任期満了前に辞表を提出します。

その後任となる日銀プロパーの速水優総裁の就任直後に、改定日銀法が施行されます。この瞬間、日銀は大蔵省からの独立を果たしました。開行以来百年以上、占領期を除いて常に大蔵省の風下に立っていた日銀が、遂にその関係を清算したのでした。

改定日銀法の主旨

大蔵省からの日銀の独立性を目的とした改定日銀法の趣旨は、ただ一点。総裁解任権が誰にもないことです。日銀総裁の身分に関する規定を挙げましょう。

第二十三条　総裁及び副総裁は、両議院の同意を得て、内閣が任命する。

5　総裁、副総裁又は審議委員の任期が満了し、又は欠員が生じた場合において、国会の閉会又は衆議院の解散のために両議院の同意を得ることができないときは、内閣は、第一項及び第二項の規定にかかわらず、総裁、副総裁又は審議委員を任命することができる。

6　前項の場合においては、任命後最初の国会において両議院の事後の承認を得なければならない。この場合において、両議院の事後の承認が得られないときは、内閣は、直ちにその総裁、副総裁又は審議委員を解任しなければならない。

第二十五条　日本銀行の役員（理事を除く。）は、第二十三条第六項後段に規定する場合又は次の各号のいずれかに該当する場合を除くほか、在任中、その意に反して解任されることがない。

一　破産手続開始の決定を受けたとき。
二　この法律の規定により処罰されたとき。
三　禁錮以上の刑に処せられたとき。
四　心身の故障のため職務を執行することができないと委員会（監事にあっては、委員会及び内閣）により認められたとき。

2　内閣又は財務大臣は、日本銀行の役員が前項各号に掲げる場合のいずれかに該当する場合には、当該役員を解任しなければならない。

要するに、総理にも財務大臣にも日銀総裁の任命権はなく、両院の同意によって総裁の椅子は決まるのです（国会同意人事）。そして、解任規定をよく読めばわかるように、日銀の役員は、裁判官と同じような身分保障がなされているのです。かくして日銀は、首相すら手を出せない独立王国と化してしまったのです。

増長する日銀

デフレ期には、金利を下げたり、通貨供給量を増やしたりする金融緩和が必要です。利息が高ければ誰も投資をしようと思わなくなるので、デフレ期には金利を下げて景気を刺激するのが定石《じょうせき》です。さらに、利息がゼロなら量を増やして円の価値を下げればいいわけです。ところが次のように、これまで歴代内閣や財務省は不況脱出の目的で何度も金融緩和を試みているのですが、その度に日銀に跳ね返されてきました。

平成十一（一九九九）年二月、積極財政路線の小渕内閣の下で、金融面でも「ゼロ金利」

が導入されました。ところが翌年八月、速水総裁は大蔵省の反対を無視してこれを解除します。大蔵省出身の日銀政策委員は、多数決によって敗北を喫しています。

そこに弱り目に祟《たた》り目とばかりに、アメリカのＩＴバブル崩壊の余波が日本にも及び、景気後退が明白となりました。慌てた日銀は、平成十三年二月には再びゼロ金利政策に戻し、さらに三月には量的緩和という通貨供給量を増やす政策を実施しました。そのおかげで、この年から五年間は景気が回復軌道に乗りました。これはほとんど小泉内閣の期間と重なりますが、その理由は前述した通りです。日銀出身の福井俊彦総裁は、小泉内閣の路線に忠実でした。

しかし、小泉退陣が政治日程に組み込まれた平成十八年三月、福井総裁は量的緩和政策を解除し、同年七月にはゼロ金利政策まで再解除します。このとき財務省は猛反対し、小泉首相も強く牽制したのですが、福井は無視しました。辞める総理の言うことなど聞かなくてよいとばかりに。

そして再び景気は後退局面に陥り、そのツケを安倍内閣がかぶることになったのです。

結果的に日本は、「失われた二十年」に突入し、小泉改革は「カンフル剤」「時代のあだ花」で終わってしまいました。平成最長の小泉政権ですら、この有様です。その小泉が去ったとなれば、日銀の増長はとどまるところを知りません。

日本亡国へのカウントダウン

大蔵省出身の松下総裁を放逐して以来、速水・福井と日銀プロパーの総裁が続き、たすきがけの慣行は無視されます。それでも福井総裁の下に、武藤敏郎元財務次官が副総裁として送り込まれました。もちろん、前述したように、「次の総裁に」という意味です。

ところが、安倍自民党内閣が平成十九年の選挙で大敗し、参議院は野党・民主党が多数を占めるねじれ国会と化してしまいました。つまり、改定日銀法の規定に従えば、総裁人事は参議院の多数、すなわち、民主党の同意がなければ認められないというわけです。ここで、武藤副総裁の総裁への昇格は怪しくなりました。

この福井総裁の後任人事こそが、日本亡国へのカウントダウンの始まりでした。

平成二十年三月、民主党は「日銀の独立性を守れ」「ミスター財務省など認められない」「財金分離の原則を守れ」などと、武藤副総裁の昇格を拒否します。あらゆる苦難を乗り越え、財務次官最長在任記録を得た武藤のキャリアは、最後の段階で踏みにじられました。

民主党は日銀プロパーの白川方明副総裁だけは認めるものの、武藤総裁案だけは頑として認めず、日銀総裁が空席になります。また、田波元大蔵次官の就任も拒否しました。ここに、麻生内閣は民主党に屈して財務省出身者の登用を断念します。麻生太郎内閣と民主党は、白川副総裁を総裁に昇格させました。

なお、この一連の騒動を主導したのは、仙谷由人・民主党国会同意人事検討委員会委員長です。財務省のこれ以上ないほど惨めな完敗です。一方、日銀は松下総裁の放逐以来、三代続けて日銀出身者を総裁に輩出しました。わが世の春です。

白川総裁の暴言

平成二十一（二〇〇九）年の総選挙で自民党は大敗し、政権は、民主党に取って代わられます。裁判官なみの身分保障に守られた白川日銀総裁は、増長と暴走を重ねます。その言動を追ってみましょう。

白川は、平成二十一年十二月二十一日にテレビ東京の番組「ワールドビジネスサテライト」に出演しています。そこで、デフレが続く理由として以下の三点を挙げています。すなわち、「グローバル経済に政府が対応できていない」「労使対立による企業体力の低下」「何より国民に意欲がない」です。これは、「日銀以外は総懺悔しろ」と言っているようなものです（詳しい解説は田中秀臣『デフレ不況　日本銀行の大罪』を参照。YouTubeでも視聴可能）。

これだけデフレ不況で日本国中が苦しんでいるにもかかわらず、自分にだけ一切の責任がないという信念だけは、この発言以外の日銀の言動からもよく伝わってきます。日本銀行の資料公開はかなり整備されていて、ホームページで誰でも閲覧することができますが、例えば平成二十二年二月十八日の総裁会見では、「日銀のやり方は現状では最適」と言い切っています。

経済状況の悪化をさすがに見かねた菅直人首相が会見を求めても、使者の仙谷官房長官に対し「忙しいから会見できない」と平気で拒否し、電話で十五分話しただけで終わりました。同年八月二十三日のことです。

デフレ不況の最も単純にして最大の処方箋は「お札を刷ること」です。それは、経済理論では基礎中の基礎であり、歴史的事実としても有効性は証明されています。しかし、歴代日銀総裁は頑としてお札を刷ることだけは拒否します。特に、白川総裁の態度が最も露骨です。

そんなことが許される原因は、首相でも財務省でも手が出せない現在の日銀法にあります。ここで私たちが肝に銘じておかなければならないことは、平成十年の財金分離こそ大失敗だったという歴史認識を、明確に持つべきだということです。

日銀と政府は中国に奉仕している？

日本は現在、長期不況に苦しんでいます。不況の原因は、デフレと円高です。その根本にあるのは、市場に流れているお金の量が足りていないという事実です。

所詮は紙切れにすぎないお金が希少品となっているためにその価値が上がり、逆に、汗水流して働いた商品の価値が下がり続けるデフレ。同じく希少品だから円高になる結果、株価は下がり続け、失業や倒産だけが増え続ける。デフレと円高はセットです。

ならば、デフレはお金の量を増やせば解決します。アメリカや中国をはじめ、世界中の国がお金の量を増やしているにもかかわらず、日本だけがお札を刷って悪い理由はありません。通貨発行は独立国家の権利ですから、誰に遠慮する必要はないのです。

これだけ国民が不況で苦しんでいるのに何もしないで日銀を放置するということは、どうやら、日本の政治家はよその国に遠慮するほうが大事なようです。

平成二十二（二〇一〇）年、日本はＧＤＰ世界第二位の地位を中国に奪われました。日本のＧＤＰが二十年間も横ばいだったのに対し、中国のそれは右肩上がりです。この構図を単純化すれば、日本人の働いた富が中国に吸い上げられたということになります。そしてそれは、今も現在進行形で続いています。

中国経済が急成長した理由は簡単です。「元の供給が多い↓元安↓外国に比べ人件費が安い↓安く売れるので儲かる↓輸出も景気も絶好調となる↓さらに元の供給を増やす」という良いスパイラル構造を維持できるためです。

では、なぜ安心して元を刷れるのでしょうか。一つには、共産党独裁の中国では中央銀行の独立などは存在しないため、政府が中央銀行を強力にコントロールできるからです。これが、欧米のような民主国にはない強みです。もう一つは、日本が絶対に円を増やさないので、安心してお札を刷り続けることができ、円に対してはもちろん、世界の機軸通貨であるドルその他に対しても、元安誘導が可能になるという点です。

逆に日本がやっていることは、「円の供給が少ない↓円高↓外国に比べ人件費が高い↓高くしか売れない、買ってくれない↓不況↓人件費を削る↓値段を下げる↓しかし生産効率が落ちているので売れない↓やはり不況、それでも円を刷らない」の無限ループ（デフレスパイラル）の助長です。

これは、日銀が経済法則に反して、異常なまでに円の供給を止めているからこその現象です。日本国内では給料が下がるデフレが進む反面、海外と比較すると円は割高になるため、生産拠点は中国などに移ります（産業の空洞化）。それとともに、日本の生産技術とGDPも中国に持っていかれるというわけです。

中国がGDPを増やすためにお札を刷って経済成長を促進し、貿易黒字を伸ばす一方で、日本は頑なにお札を刷らないでデフレと円高を放置し、あげくは産業の空洞化を促進してGDPと優秀な生産力を中国に移す。

これでは、日銀や政府はまるで中国に奉仕しているかのようです。「いや、そんなはずはない」と思われるかもしれませんが、では、白川方明やその背後にいる仙谷由人が「そんなことをするはずがない」と言い切れるのでしょうか。

日米安保条約を強めるのか、弱めるのか

平成二十二年九月の尖閣諸島での紛争を覚えてらっしゃる方も多いと思います。日本の海上保安庁が不法侵入した中国漁船を拿捕《だほ》したにもかかわらず、仙谷官房長官の主導で逮捕した船長を無条件で解放しました。

国際常識として、この問題で即座に日本と中国が戦争をするとは考えられません。ただ、お互いに経済制裁くらいはするだろうと観測されていました。

しかし、アメリカで最も有名な国際関係雑誌である『Foreign Policy』(電子版)などは、尖閣問題で激しく角逐《かくちく》しているにもかかわらず、日本が中国に対して最大の経済援助国であり続けている現状を不思議がっています。

逆に、中国共産党のシンクタンクである中国社会科学院の馮昭奎は「日本に対して最も有効な対抗措置は、中国が円を買い進めて円高をもたらすことである」と述べています。つまり、円高誘導こそ、最大の経済制裁というわけです。

現在、アメリカと中国は世界の覇権をめぐって激しく争っています。ところが、アメリカ陣営であるはずの日本はお金をまったく刷らず、デフレと円高を放置するなど、政府と中央銀行が中国を利するような態度をとっているのです。

一方、中国の領土的野心の対象となっている台湾は、アメリカと日本の協力を必要としています。台湾の李登輝元総統といえば、最も親日的な人物として知られています。その李登輝は、「日本政府が真っ先にやることは、日銀を内閣府の一機関に格下げすることだ」と、何度も主張し、日本に警鐘を鳴らしています(『VOICE』平成二十二年年十一月号、『WILL』平成二十三年二月号)。

中国の台頭は、アメリカや台湾にとって脅威です。つまり、その同盟国である日本が中国の覇権主義の資金源になっては死活問題なのです。

現実的に、ソ連崩壊後の日本は、米中代理戦争の舞台です。超大国と対等の軍事力がない以上、米中のどちらかと協力関係を結ばなければなりません。より現実的には、日米安保条約を強くするのか、弱くするのかのどちらかです。

日本救国の処方箋

ここで、平成政治の構図をおさらいしましょう。
「橋本龍太郎・野中広務・日本銀行・中国・北朝鮮」……旧竹下派（守旧派）
vs.
「小泉純一郎・青木幹雄・旧大蔵省・米国・台湾」……反竹下派（改革派）
旧竹下派は、竹下死後に中核だった青木幹雄が裏切ったために壊滅しましたが、小泉親米路線を継いだ安倍晋三も挫折し、現在、親中の民主党が政権を握っています。今の財務省は政権の中枢を牛耳っているとはいえ、親中派の下にいるというわけです。そして、デフレ不況下での増税を行おうとしています。
より広い歴史のスパンで眺めてみると、こうした光景は異常であることがわかります。なぜなら、「増税」という言葉が表面化するのは、大蔵・財務省百五十年の歴史の中で、せいぜいここ四十年ほどの話だからです。富国強兵から日露戦争の勝利へ、戦時体制の増税無限ループと戦った歴史、そして復興から高度成長へ。日本近現代史に燦然《さんぜん》と輝く栄光の歴史こそが、大蔵省の伝統でした。

政治の圧力で痛めつけられ、今や、かつての出先機関にすぎない日本銀行の暴走を止められず、そのしわ寄せを国民への増税に持ってくる。今の国民から遊離した財務省の姿は、大蔵省の伝統に反します。

財務省が経済学の基礎的原理を無視して増税をしたがる理由はただ二つ。政治の際限のない財政拡大圧力を抑制する自信がないこと。日銀の独立により、金融政策の自由を奪われたことです。

ならば、解決は簡単です。強い総理大臣の政権を樹立し、政治家の力で日銀法を元の姿に戻すのです。デフレに加え、千年に一度の大震災という危機において、どれほど増税しても、その額で足りることはありません。また、税金というものは、翌年度にしか国庫に財源が入らない以上、即効性もありません。何より、デフレ不況下での増税は、かえって税収を減らし、経済にとって逆効果になるのは橋本増税の時を振り返ってみれば明らかです。であるならば、即効性があり、かつ大量の財源が確保できる金融政策に頼るしかありません。

平成十年の財政と金融の分離は間違いだった。だから日銀の独立性を否定し、政治主導で財務省と再統合する。そして、迅速かつ強力な金融政策を打ち出す。細かい複雑な手続きはあるにしても、とにかく市場に流すお金の量を増やす。

これこそが、日本救国の基本線です。

沈没間近の日本が生き残れるかどうか、恒久的増税によって国民を苦しめようとしている財務省が、大蔵省の伝統を思い出すかどうか――それは、彼らが国民とともに再び歩む姿勢を取り戻せるかどうかにかかっているのです。

第8章のポイント

1　日銀法改定の平成十年が日本の運命の年、日銀の独走が止まらなくなった。

2　日銀は小泉を裏切り、安倍を潰し、親中派政権を樹立した。

3　日本を救うには、財務省が目覚め、「日銀法再改正」と「財金再統合」をやるしかない。

おわりに

本書を執筆するに際して、さまざまな人が心配して声をかけてくれました。その多くは、

「財務省のことを書くなんて勇気がありますね」

「税務署のことは怖くありませんか？」

といったものでした。

まず、後者に関しては苦笑するしかありませんが、残念ながら、そのことを心配するほどの収入が私にはありません。

一方、前者に関しては、財務省が「得体の知れない存在」のように思われていることは不幸なことだと思います。特に、財務省のまじめな官僚にとって。つまり、財務省と国民が遊

離してしまっていることこそが、日本にとって危機なのではないかと私は考えています。

明治以来、大蔵省ほど、絶大な力を持ちながらも注目されてこなかった組織はないでしょう。しかし現在、財務省は日本の歴史上、最も注目されていると言っても過言ではありません。その注目のされ方は、長期デフレ不況・大震災の最中に増税を強行しようとしている「悪の権化」としてです。

しかし、繰り返しますが、これは財務省だけでなく、国民にとって不幸なことだと思います。大蔵省は明治以来、日本の近代化を支え、間違った時流に抗し、敗戦から高度成長の繁栄へと導いてきた組織です。大蔵官僚こそ、常に黒子として日本に尽くしてきたのです。その様子の一端は、本書で述べた通りです。この歴史を抜きにして、いま行われつつある目前の現象だけを取り上げても、本質は決して見えてこないでしょう。また、そうであっては未来への解決策も見つからないでしょう。

大蔵省・財務省関連の調査を本書の執筆のために進めていくうちに、いかに私がそのことについて何も知らないかを痛感しました。それはやがて、「私がわからないということは、ほとんどすべての日本国民は知らないことだらけなのだ」という不遜な確信へと繋がっていきました。何より、現在の財務省の職員ですら、自分たちの歴史を忘れているか、あるいは知らないかのどちらかでしょう。したがって、冒頭でも述べた通り、まるで未開の地を探検する冒険者のような気持ちで、勇気だけを頼りに本書を書き進めました。

しかしそのおかげで、大蔵・財務省百五十年の歴史に魅力的な人物が埋もれていたことを発見することができました。病躯《びょうく》をおして職務に邁進し、清貧の中で殉職同然に死去した藤井真信、戦時体制の中で「増税無限ループ」に抵抗した賀屋興宣・石渡荘太郎・青木一男の「三羽烏」、占領期に日本復興のグランドデザインを描いた下村治、高度成長を演出した「ドン中のドン」こと森永貞一郎と石野信一の「森石ライン」、「国士官僚」こと村上孝太郎。

一部の歴史愛好家や研究者、取材記者の間では有名であったとしても、一般的にはほとんど無名の彼らの貢献を抜きにしては、今日の日本はありえない――。その事実の一端を知ったとき、感動すら覚えました。そして今も財務省職員の大半は、地位の上下に関係なく、「日本のために」という想いで働いているのは間違いないのです。

松下康雄・山口光秀・吉野良彦・斎藤次郎・武藤敏郎といった方々、あるいは勝栄二郎現次官をはじめとする現職の方々に取材してから、このような本を書くべきであるのは重々承知しておりますが、それは私の能力の限界を超えています。おそらく丹念に取材をすれば、博士論文百本分以上の密度と分量になると予想されます。したがって、他の方々の研究や取材を参考にさせていただきながら、これまでの私の研究を合致させる形を取りました。

本書の執筆は当初の予想を遥かに超え、かなりの労力と時間を注入することになりました。当初の予定では、「税金と政治を軸に読む、大蔵・財務省百五十年の歴史」という内容をコンパクトにまとめるつもりでした。しかし、いざ取りかかってみると、組織の実態を断片的にしか伝えていない資料も多く、基礎データの整理だけでも膨大なエネルギーを使わざるをえませんでした。また、通説にも多くの誤りがありました。

恒久的増税は財務省の伝統だ、さらに、長引くデフレ不況、それに加えて大震災が起きた今、財務省が増税を強行しようとするのは仕方ない、国民の側も「痛み」を受け入れるしかない――こうした意見が主流となっている現在、その風潮に一石を投じたいと思い、力足らずを承知で執筆したのが本書です。

なお、事実関係の誤り、批判などはありがたく甘受しますので、忌憚《きたん》のないご意見などをいただければ著者として幸いです。

本書の経済学的理解は、経済評論家の上念司先生の御著書と直接の御指導に多くを負っています。上念先生には、中央大学の弁論部・辞達学会以来、二十年間もお世話になり続けています。改めてここに謝辞を申し述べさせていただきます。もちろん、本書に誤り等があれば、不肖の後輩である著者一人の責任であることをお断りしておきます。

また、光文社の小松現さんには多大なご迷惑をおかけしました。各章ごとに別の作品の如くバラバラだった文体は小松さんのおかげで統一することができ、何とか最後まで辿り着くことができました。ここまで迷惑をかける著者も珍しいでしょうが、ここまで面倒を見てくれる編集者もまた、珍しいのではないかと思います。最後に感謝の意を示して筆を擱《お》きます。

＊　　＊　　＊

追記

本書を執筆している最中に野田佳彦内閣が成立しました。閣僚には、外国人参政権と増税の推進派がズラリと並んでいます。

自分たちの伝統に反する恒久的増税を通すために、帰化もしないで参政権という特権を求める一部の外国人に屈服したとなれば、大蔵省の先人たちはこの状況をどう思うのでしょうか。不安を抱かざるを得ません。

正しい歴史を知ることが日本を救う第一歩である。本書が、日本再生の物語へとつながることを願います。

二〇一一年一一月

倉山　満

推奨参考文献

【財政史】

『財政史』シリーズ

財務省財務総合政策研究所のホームページで「財務省行政を期間ごと、分野別に分析した正史」と位置づけられる。部門ごとに分けられる。平成編は現在編纂中。

明治財政史編纂会編『明治財政史』全十五巻（明治財政史発行所、一九二六〜二八年）

松方正義の命令で明治元年から同三十五年までの史料を整理。

大蔵省『明治大正財政史』全二十巻（財政経済学会、一九三六〜四〇年）

明治三十六年から大正十五年までを扱う。

『昭和財政史』全七十巻（東洋経済新報社、一九五一〜二〇〇五年）

「戦前編」全十八巻、「終戦から講和まで」全二十巻、「昭和27〜48年度」全二十巻、「昭和49〜63年度」全十二巻、の四期に分けられる。「戦前編」は大内兵衛の執筆と編集でマルクス経済学の色彩が強い。

大蔵省財政史室編『昭和財政史資料　震災から準戦時財政まで』（日本マイクロ写真、一九八四年）

一次史料のマイクロフィルム化。財政史シリーズ編纂のために整理された。

【省史】

大蔵省財政金融研究所財政史室編『大蔵省史』全四巻（大蔵財務協会、一九九八年）

明治から昭和までの大蔵省の概説。「略史」として位置づけられる。大蔵省研究において、全体像を把握するために真っ先に読むべき基本文献。

有竹修二、今村武雄『昭和大蔵省外史』全三巻（昭和大蔵省外史刊行会、一九六七年）
　高度成長期までの大蔵省から見た日本近代史。本音がよくわかる。
大蔵省百年史編集室編『大蔵省百年史』上下別巻（大蔵財務協会、一九六九年）
森木亮、礒崎史郎編『大蔵省百二十年史』（経済懇話会、一九八八〜八九年）

【一次史料】…本文と直接関係が深いものだけを抽出した。
『臨時行財政審議會總會記録』（国立公文書館所蔵）
『公文類聚　第五十五編　巻二十三　財政門四』（国立公文書館所蔵）
『自昭和六年至同七年六月三十日　満洲事件費雑纂』（外務省外交史料館所蔵）
『現代史資料』全四十六巻（みすず書房、一九六二〜八〇年）
　戦前日本史に関する基本史料集。
日本国際政治学会太平洋戦争原因研究部『太平洋戦争への道　開戦外交史』全八巻（朝日新聞社、一九六二〜六三年）
　昭和史に関する基本的な理解を形成した概説書。最終巻は史料集。
ジョン・アール・ヘインズ&ハーヴェイ・クレア『ヴェノナ　解読されたソ連の暗号とスパイ活動』（中西輝政監訳、山添博史、佐々木太郎、金自成訳、PHP研究所、二〇一〇年）
　冷戦後に公開された、ソ連のアメリカでの諜報活動がわかる。
大蔵省財政史室編『渡辺武日記　対占領軍交渉秘録』（東洋経済新報社、一九八三年）
　占領軍と交渉した大蔵官僚の日記。
東京大学経済学部所蔵『昭和四十年度における公債発行に関する資料集』全三巻
　現在の財務省の「健全財政」を理解するうえでの重要史料。

日本銀行百年史編纂委員会編『日本銀行百年史』全六巻（日本銀行、一九八二～八六年）
いわゆる「日銀正史」。「大蔵省史観」とはことごとく異なる。

【関係者の自伝や伝記など】

若槻礼次郎『古風庵回顧録』（読売新聞社、一九五〇年）
第一章を参照。

原田熊雄『西園寺公と政局』全九巻（岩波書店、一九五〇～五六年）
最後にして唯一の元老となった西園寺公望の政治秘書である原田熊雄男爵の口述記録。事実関係が不正確で利用には慎重を要するが、当時の政界裏事情がわかる。

深井英五『枢密院重要議事覚書』（岩波書店、一九五三年）
枢密院副議長を務めた財政家・銀行家の回想録。財政や外交など幅広く深層に迫る。

青木信光『馬場鍈一伝』（故馬場鍈一氏記念会、一九四五年）
第三章を参照。

『長沼弘毅追悼録』（非売品、一九七八年）
第三章を参照。

賀屋興宣『戦前・戦後八十年』（経済往来社、一九七五年。初版は一九七二年）
大蔵省に限らず、戦前戦中戦後を断絶ではなく連続した歴史として捉えるのに最適の書。

宮村三郎『評伝　賀屋興宣』（おりじん書房、一九七七年）
自伝よりも詳細。むしろ本人の思想が明確にわかる。

西浦進『昭和戦争史の証言』（原書房、一九八〇年）
陸軍省中枢を歩んだエリートの回顧録。予算折衝の一端がわかる。

迫水久常『大日本帝国最後の四か月』（オリエント書房、一九七三年）
昭和史の重要人物としていくつかの著書を残しているが、その中で終戦工作に関して。

福田赳夫『回顧九十年』（岩波書店、一九九五年）
戦前から財政史の重要人物。

青木得三『太平洋戦争前史』全六巻（世界平和建設協会・中島睦玄、一九五〇〜五二年）
あまりとりあげられないが、日本人の歴史観に影響を与えた重要書物。第四章を参照。

池田勇人『均衡財政』（実業之日本社、一九五二年）
実質的な執筆者は大蔵官僚だが、当時の池田の考えは反映されている。

伊藤昌哉『池田勇人　その生と死』（至誠堂、一九六六年）
秘書官による池田勇人の伝記。名著の誉れが高い。文章は淡々としているが、叙情的。

伊藤昌哉『自民党戦国史』（朝日新聞社、一九八五年。初版は一九八二年）
大平正芳側近としての回顧録。

沢木耕太郎『危機の宰相』（文藝春秋、二〇〇八年。初版は二〇〇六年）
生前の下村治が唯一激賞したというルポ。

田中角栄『日本列島改造論』（日刊工業新聞社、一九七二年）
現物を読むと田中角栄の左傾思想がよくわかる。

久保紘之『田中角栄とその弟子たち　日本権力構造の悲劇』（文藝春秋、一九九五年）
題名と違い、三木武夫と平成竹下政治の話。博学な知識で文明論から論ずる。

岩瀬達哉『われ万死に値す　ドキュメント竹下登』（新潮社、一九九九年）
雑誌連載時に何度も休載になりながらも、竹下登の闇に迫る。

江田憲司、龍崎孝『首相官邸』（文藝春秋、二〇〇二年）
橋本内閣では官僚として、その後政治家として日本政治の中枢にいる江田の著書。
長谷川幸洋『官僚との死闘七〇〇日』（講談社、二〇〇八年）
安倍内閣で財務省と対立する立場にあった東京新聞記者の回顧録。

【歴史学の概説及び政治史行政史全般】
升味準之輔『日本政党史論』全七巻（東京大学出版会、一九六五～八〇年）
戦前日本政治史の必読書。
升味準之輔『日本政治史』全四巻（東京大学出版会、一九八八年）
幕末から昭和戦後史までを通観できる。政治史・政治学の著書が多い中で、最も読みやすいダイジェスト。
林茂、辻清明編『日本内閣史録』全六巻（第一法規出版、一九八一年）
内閣ごとに論点整理がされている。事典代わりに便利。
有馬学『日本の歴史23　帝国の昭和』（講談社、二〇〇二年）
最近では信頼できる概説書。比較的入手しやすい。
佐藤幸治・長尾龍一・筒井若水・坂野潤治『日本憲法史』（東京大学出版会、一九七六年）
憲法学、国際法学、歴史学の専門家が「憲法史」を描いている点で参考になる。
中村慶一郎『三木政権７４７日――戦後保守政治の曲がり角』（行政問題研究所出版局、一九八一年）
歴代内閣に関してシリーズ化。最も参考にした三木内閣を挙げる。
佐藤誠三郎、松崎哲久『自民党政権』（中央公論社、一九八六年）
日本現代史では古典的研究。自民党のシステムがわかりやすい。

戸川猪佐武『小説吉田学校』全八巻（角川書店、一九八〇～八一年）
学術書ならば絶対に文献として挙げられることはないが、あまりにも現実政治への影響が大きいので一読を推奨する。たいていの戦後史研究は同書の枠を一歩も出ていない。
マックス・ウェーバー『職業としての政治』（脇圭平訳、岩波書店、一九八〇年）
ここにあえて挙げるのも憚られるほどの必読教養書。政治家と官僚の関係について詳述。
村松岐夫『日本の行政　活動型官僚制の変貌』（中央公論社、一九九四年）
過度な「官僚主導」論を戒める意味で重要。
末弘厳太郎『役人学三則』（佐高信編、岩波書店、二〇〇〇年）
官界では古典として読みつがれている。著者は戦前民法学の権威。
久保田勇夫『役人道入門　理想の官僚を目指して』（中央公論新社、二〇〇二年）
「花の四十一年組」。大蔵官僚の行動様式がわかりやすいので、あえてこちらに分類した。
笠原英彦編『日本行政史』（慶應義塾大学出版会、二〇一〇年）
古代以来の日本の行政や官僚に通暁する著者による通史。
小島和夫『予算が成立するまで』（ぎょうせい、一九九〇年）
日本国憲法における財政の入門書。
櫻井敬子『財政の法学的研究』（有斐閣、二〇〇一年）
行政法としての財政の専門家の著書から一冊。
水谷三公『日本の近代13　官僚の風貌』（中央公論新社、一九九九年）
日本の近代官僚の様子を、史料に基づいて生き生きと描く。
伊藤大一『現代日本官僚制の分析』（東京大学出版会、一九八〇年）
官僚制研究の良書。大蔵省と予算編成についても実証的。

中村隆英『昭和経済史』(岩波書店、二〇〇七年)
経済史の教科書の文庫版。経済学的分析よりも政治との関係に比重。
神一行『大蔵官僚：超エリート集団の人脈と野望』(講談社、一九八二年)
大蔵官僚の実態に肉薄。組織論として網羅的に理解できる。
川北隆雄『大蔵省　官僚機構の頂点』(講談社、一九八九年)
歴史的経緯がコンパクトに纏まる。人物像を中心に各論も優れる。
栗林良光『大蔵省主計局』(講談社、一九九〇年)
大蔵省を局ごとに一冊かけてとりあげる著者から代表作を挙げる。
執印隆一『財務省』(インターメディア出版、二〇〇二年)
省庁再編に伴い全省庁を概要解説。その省の「筆頭局」など、基本事項理解に最適。
川手摂『戦後日本の公務員制度史「キャリア」システムの成立と展開』(岩波書店、二〇〇五年)
いわゆる「キャリア」システムを数量的に考察。

【経済学全般】
上念司『デフレと円高の何が「悪」か』(光文社、二〇一〇年)
日本語で書かれた最もわかりやすい経済学の入門書。
上念司『「日銀貴族」が国を滅ぼす』(光文社、二〇一〇年)
平成不況が経済学的な論争の段階ではなく政治問題だと警鐘を鳴らす。
浜田宏一、若田部昌澄、勝間和代『伝説の教授に学べ！　本当の経済学がわかる本』(東洋経済新報社、二〇一〇年)
浜田イェール大学教授が、鼎談方式で経済学をレクチャー。師匠として白川方明日銀総裁の失政を批判する。

田中秀臣『デフレ不況　日本銀行の大罪』（朝日新聞出版、二〇一〇年）
リフレ派の経済史家の代表格である著者から最も参考にした一冊。
三橋貴明『中国がなくても、日本経済はまったく心配ない！』（ワック出版、二〇一〇年）
データ分析で定評のある若手経済評論家が日中経済について論評。
田村秀男『財務省「オオカミ少年」論』（産経新聞出版、二〇一二年）
産経新聞記者である著者の論稿にはほぼすべてに目を通した。最新書。
髙橋洋一『さらば財務省！　官僚すべてを敵にした男の告白』（講談社、二〇〇八年）
異能の元財務官僚。「埋蔵金」論争で知られる著者から代表作として。
【個別具体的論点での重要文献（含・伝記的研究）】
伊藤博文『憲法義解』（宮沢俊義校注、岩波書店、一九四〇年）
大日本帝国憲法制定者自らによる解説書。戦前は有権的解釈とされた必読書。
美濃部達吉『憲法講話』（有斐閣、一九一二年）
学説が整理されてからの帝国憲法の通説。
清水澄『逐条帝国憲法講義』（松華堂書店、一九三二年）
宮中及び枢密院の高官として政府の憲法解釈を担った憲法学者の教科書。
佐々木惣一『日本憲法要論』（金刺芳流堂、一九三〇年）
最も純理的と言われた、法実証主義の京都帝国大学教授の代表作。
山崎丹照『内閣制度の研究』（高山書院、一九四二年）
法制局官僚の問題提起。戦前内閣制理解の必読書。

瀧井一博『ドイツ国家学と明治国制　シュタイン国家学の軌跡』(ミネルヴァ書房、一九九九年)
伊藤博文研究者から最も優れた業績を。帝国憲法が単なるドイツ憲法の模倣ではないと理解できる。他の著書を読めば英国憲法の影響を理解できる。

浅井清『明治立憲思想史におけるイギリス国会制度の影響』(有信堂、一九六九年)
日本の予算は英国型なので、明治初期における英国の影響を研究してきた著者から一冊。

潮木守一『京都帝国大学の挑戦』(講談社、一九九七年。出版は一九八四年)
官僚制と大学の関係について考えさせられる一冊。

岩田規久男編著『昭和恐慌の研究』(東洋経済新報社、二〇〇四年)
経済史家による昭和恐慌の最新研究を集積。

松浦正孝『財界の政治経済史——井上準之助・郷誠之助・池田成彬の時代』(東京大学出版会、二〇〇二年)
財界人としての井上に関して参考にした。

リチャード・J・スメサースト『高橋是清　日本のケインズ——その生涯と思想』(鎮目雅人、早川大介、大貫摩里訳、東洋経済新報社、二〇一〇年)
高橋の伝記は多いが、最も体系的な最新研究を紹介する。

大前信也『昭和戦前期の予算編成と政治』(木鐸社、二〇〇六年)
昭和初期の政治史を、予算編成過程を通じて見直す。戦前大蔵省の権力がわかる。

伊藤隆『昭和期の政治　続』(山川出版社、一九九三年)
著者は日本近代史の泰斗。数多い良書の中から、近衛文麿と側近たちに関する実証的研究の一つの到達点として紹介する。

筒井清忠『昭和十年代の陸軍と政治——軍部大臣現役武官制の虚像と実像』(岩波書店、二〇〇七年)
本書で提示される昭和期陸軍の姿によって、教科書的理解は大きく塗り替えられる。

平間洋一『第二次世界大戦と日独伊三国同盟　海軍とコミンテルンの視点から』(錦正社、二〇〇七年)
管見では、ソ連と国際共産党(コミンテルン)の国際的謀略に関する最初の本格的研究。
三宅正樹『スターリンの対日情報工作』(平凡社、二〇一〇年)
日独外交史の泰斗が学界のタブーであるゾルゲ事件に、実証的に切り込む。
久田栄正『帝国憲法崩壊史』(法律文化社、一九七〇年)
東條英機内閣の横暴と限界が読み取れる良書。
倉山満『誰が殺した?　日本国憲法!』(講談社、二〇一一年)
拙著。本書との関連では、憲法制定過程の中での占領軍の無知と横暴を参考にされたい。
北康利『白洲次郎　占領を背負った男』(講談社、二〇〇八年。初版は二〇〇五年)
近年再評価されている白洲関係の文献として、同書のみ挙げておく。
財政・租税研究所編『大蔵大臣』(山口忠夫訳、東洋経済新報社、一九五七年)
国際政治との関係も論じ、F・ローズベルト政権へのスパイにも言及。
樋口恒晴『幻の防衛道路――官僚支配の「防衛政策」』(かや書房、二〇〇七年)
吉田内閣期の防衛道路構想を通じ、当時の政界と大蔵省の関係を描く。
樋口恒晴『「一国平和主義」の錯覚』(PHP研究所、一九九三年)
戦後防衛政策と内閣法制局の関係を詳述。池田内閣、防衛政策、内閣法制局について必読。
中村明『戦後政治にゆれた憲法九条――内閣法制局の自信と強さ』(中央経済社、一九九六年)
題名どおりの内容。
西川伸一『知られざる官庁・新内閣法制局：立法の中枢［新版］』(五月書房、二〇〇二年)
著者は、内閣法制局や最高裁事務総局など独特な切り口で行政を描く。

有馬哲夫『CIAと戦後日本――保守合同・北方領土・再軍備』（平凡社、二〇一〇年）
米国の公文書を渉猟し、米国の工作を通して戦後史を描く著者から一冊。
牧原出『内閣政治と「大蔵省支配」：政治主導の条件』（中央公論新社、二〇〇三年）
昭和二、三十年代の大蔵省の主計局と大臣官房を描く。
真渕勝『大蔵省統制の政治経済学』（中央公論社、一九九四年）
大蔵省と政治を専門とする著者から代表作を。
山口二郎『大蔵官僚支配の終焉』（岩波書店、一九八七年）
戦後大蔵省と政治との関係に関し、実証的に描き出す。
塩田潮『百兆円の背信』（講談社、一九八八年。初版は一九八五年）
取材経験豊富な著者から、三角大福の政争と大蔵省に関し物語風に理解できる一冊を。
岸宣仁『大蔵省を動かす男たち　転換期の大蔵行政』（東洋経済新報社、一九九三年）
細川護煕連立内閣成立前後の政官界を、大蔵省を中心に描く。
岸宣仁『財務官僚の出世と人事』（文藝春秋、二〇一〇年）
平成財務省の実態を豊富な取材に基づいて生き生きと描く。
テリー伊藤『お笑い　大蔵省極秘情報』（飛鳥新社、一九九六年）
外務省編とノンキャリア大蔵官僚にインタビューした続編もある。第七章を参考。
山脇岳志『日本銀行の深層』（講談社、二〇〇二年。初版は一九九八年）
日銀法改定議論の描写は迫力がある。
川北隆雄『日本銀行　何が問われているのか』（岩波書店、一九九五年）
日銀スキャンダルの渦中の取材記。

川北隆雄『「財務省」で何が変わるか』(講談社、二〇〇〇年)
財務省バッシングを総括した本と位置づけられる。

【一次史料所蔵館】

財務省財務総合政策研究所
旧大蔵省以来の公文書及び私文書が所蔵されている。研究書でも未使用のものが多い。

国立公文書館
明治以来の官庁の公文書が所蔵されている。大蔵省・財務省の史料も多い。

外交史料館
幕末以来の外務省の公文書が所蔵されている。財政関係の史料も多い。

防衛省防衛研究所図書館
旧陸海軍省の公文書、軍人の私文書、軍事関係図書が所蔵されている。

国立国会図書館憲政資料室
日本近現代史に関わった政治家の私文書が所蔵されている。

アジア歴史資料センター
国立公文書館、外交史料館、防衛省防衛研究所図書館の史料を随時インターネットで公開している。24時間、無料閲覧が可能。

文中敬称略

倉山満（くらやまみつる）

1973年香川県生まれ。憲政史家。中央大学大学院文学研究科日本史学専攻博士後期課程単位取得満期退学。大学講師やシンクタンク所長などを経て現職。現在は著述業の他、インターネット上で大日本帝国憲法を学ぶ「倉山塾」、毎日YouTubeで配信している動画番組「チャンネルくらら」を主宰。主な作品に『検証 検察庁の近現代史』（光文社新書）、『嘘だらけの日米近現代史』（扶桑社新書）、『国際法で読み解く世界史の真実』（PHP新書）、『大間違いの織田信長』（KKベストセラーズ）などがある。

検証《けんしょう》 財務省《ざいむしょう》の近現代史《きんげんだいし》 政治《せいじ》との闘《たたか》い150年《ねん》を読《よ》む

2012年3月20日初版1刷発行
2018年4月20日　　5刷発行

著　者 —— 倉山満
発行者 —— 田邉浩司
装　幀 —— アラン・チャン
印刷所 —— 堀内印刷
製本所 —— 榎本製本
発行所 —— 株式会社光文社
東京都文京区音羽1-16-6（〒112-8011）
https://www.kobunsha.com/
電　話 —— 編集部03（5395）8289　書籍販売部03（5395）8116
業務部03（5395）8125
メール —— sinsyo@kobunsha.com

 ISBN 978-4-334-03674-4

569
「当事者」の時代
佐々木俊尚

いつから日本人の言論は当事者性を失い、弱者や被害者の気持ちを勝手に代弁する〈マイノリティ憑依〉に陥ってしまったのか――すべての日本人に突きつける著者渾身の書下ろし。

978-4-334-03672-0

570
リーダーは弱みを見せろ
GE、グーグル 最強のリーダーシップ
鈴木雅則

GEとグーグルというグローバル先進企業でリーダーシップを教えた著者が、体系的にわかりやすく、リーダーシップの基礎を解説。誰でもリーダーシップは身につけられる！

978-4-334-03673-7

571
検証 財務省の近現代史
政治との闘い150年を読む
倉山満

日本の最強官庁は何を考え、この国をどこに導こうとしているのか。大蔵省・財務省一五〇年の歴史にメスを入れ、知られざる政治との関係、「増税の空気」の形成過程を描き出す。

978-4-334-03674-4

572
［改訂新版］藤巻健史の実践・金融マーケット集中講義
藤巻健史

先物、スワップ、オプションなど、金融マンから個人投資家の資産運用まで、本当に使える金融知識を、「伝説のディーラー」が実践的に伝授。データ刷新、大幅加筆の改訂版！

978-4-334-03675-1

573
対話型講義 原発と正義
小林正弥

普段は〝思考実験〟に過ぎなかった哲学のジレンマが、原発事故によって現実化。早急な意思決定を求められる私たちに必要な、公共哲学の判断原則を「対話型講義」で身につける。

978-4-334-03676-8